U0606891

立足情感教育，滋养儿童生命

幼儿园积极情感教育课程实践

邓婕 ◇ 主编

中国出版集团　现代出版社

图书在版编目(CIP)数据

立足情感教育，滋养儿童生命：幼儿园积极情感教
育课程实践 / 邓婕主编. — 北京：现代出版社，
2021.12

ISBN 978-7-5143-9643-0

Ⅰ.①立… Ⅱ.①邓… Ⅲ.①情感教育—教学研究—
学前教育 Ⅳ.①G613

中国版本图书馆CIP数据核字（2021）第262843号

立足情感教育，滋养儿童生命：幼儿园积极情感教育课程实践

作　　者	邓　婕	
责任编辑	窦艳秋	
出版发行	现代出版社	
地　　址	北京市安定门外安华里504号	
邮政编码	100011	
电　　话	010-64267325　64245264	
网　　址	www.1980xd.com	
电子邮箱	xiandai@cnpitc.com.cn	
印　　制	北京政采印刷服务有限公司	
开　　本	710mm×1000mm　1/16	
印　　张	11	
字　　数	176千	
版　　次	2022年4月第1版　　2022年4月第1次印刷	
书　　号	ISBN 978-7-5143-9643-0	
定　　价	45.00元	

版权所有，翻印必究；未经许可，不得转载

顾　问：刘国艳

主　编：邓　婕

编　委：迟红汶　陈嘉薇　高　伟　李　雪　钟银玲

　　　　邵　健　刘惠琴　陈筑军　冉　燕　颜运珍

　　　　陈润媚

参　编：罗　娜　肖燕丝　杨志勤　周丽芬　周静宜

　　　　叶纯清　林　巧　邓　琳　李秋桃　李晓冰

　　　　梁海燕　郑春香　王梦诗　张　琪　王　婷

　　　　刘丽娜　钟晓君　陈虹宇　刘晓琳　陈小冰

　　　　吴　平　毕彦君

编委会

序言

　　成幼教之业，奠百年之基。学前教育是终身学习的开端，是国民教育体系的有机组成部分，是打造民生幸福标杆的关键一环。近年来，凭借中国特色社会主义先行示范区和粤港澳大湾区建设的广阔平台及时代先机，深圳学前教育整体规模也提升到一个新的量级，驶入了高速发展的快车道。在办"人民满意教育"的新征程中，学前教育如何由提增量、扩规模的量化发展阶段转向提质量、优结构、升水平的内涵建设阶段，如何以高质量发展绘就"幼有善育"的美好画卷，成为当下学前教育界的重要议题。

　　幼儿园课程是实现幼儿园教育理念和目标的桥梁。没有高品质的幼儿园课程，就没有优质的学前教育。幼儿园进行课程研究和实践的过程，是办园理念提升的过程，是办园特色形成的过程，是文化积淀的过程，是多层面、多因素协同提高教育品质的过程。基于对高质量学前教育的不懈追求，深圳市第十幼儿园（原宁水幼儿园）（以下简称"十幼"）作为广东省一级公办幼儿园始终秉持幼儿情绪情感健康发展的价值取向，开展全面系统的课程改革，历经十余载的研发和实践，逐步形成了以积极情感教育为特色，以《3—6岁儿童学习与发展指南》及《幼儿园教育指导纲要（试行）》的要求为主要内容，以一日生活、环境创设、师幼互动、特色活动等为主要组织形式，以积极情感教育课程模式对幼儿实施全面素质教育。积极情感教育课程就是在"尊重儿童，以儿童为中心"的政策背景和发展方向下，回归到人的最初、最近的关系——人与自我的关系、人与环境的关系、亲子关系、师生关系、生生关系中去考察、立根、扶根，真正成为一种抵达儿童心灵的教育。其目标在于通过渗透于幼儿园各领域活动中的情感支持，营造促进幼儿身心和谐发展的教育环境，引导幼儿对自己、他人以及生活和周围的一切产生积极的情感体验，逐步形成独立而健全的人格。让情感的力量在幼儿园生根发芽，代代相传。

目前，积极情感教育课程依然在幼儿园的教育实践中持续发力，仍不断进行着理论与实践上的创新，已有经验与可持续发展经验并行。本书梳理总结了十幼十余年的课程建设经验与研究成果：第一章介绍了积极情感教育课程的溯本求源；第二章阐述了积极情感教育课程的理论依托；第三章至第五章依次清晰呈现了积极情感教育课程的目标体系、内容模块及实施体系；第六章展示了幼儿园情感教育的一系列教学活动课例，是实践的结晶，也是集体智慧的结晶，具有真实性和可操作性，对幼儿园课程开发及课程有效实施有极大的参考价值。读罢此书，我被邓婕园长和该园全体教师团队的艰辛付出深深触动。十数年栉风沐雨，十数年春华秋实，这个团队用全身心的爱和坚守的耐力，走出了以往学前教育大力推崇借鉴国外课程的窠臼，创造性地构建了具有中国实践特色的积极情感教育课程模式，创设出一系列精彩、多元的教育实践现场。初心如磐笃前行，砥砺奋进启新程，我坚信，在十幼人的共同努力下，深圳市第十幼儿园一定会创造更加辉煌的历史，为幼教事业谱写更加亮丽的篇章！

深圳大学师范学院学前教育系主任

刘凤艳

引 言

　　改革开放以来，中国教育始终在"引进来与走出去"中努力探索，寻找有中国特色的教育。深圳作为改革开放的领军城市，是中国教育对话世界的一扇标志性窗口。深圳幼教始终走在先行示范的前沿，不断接受着各种外来文化的冲击并努力在纷杂的课程改革中寻找新的突破点。随着《3—6岁儿童学习与发展指南》等政策性文件的相继颁布，我们敏感地捕捉到幼儿及教师发展的新方向，重素质、抓全面、促人文，将人深层次情感的表征与培育等隐形教育内涵放在首位。在"双区驱动"的背景下，深圳市第十幼儿园作为市属公办园之一，努力向"幼有善育"的目标迈进，坚持以人的情感为核心，开展全面的课程改革。

　　深圳市第十幼儿园（原宁水幼儿园）（以下简称"十幼"）由深圳市教育局创建于1994年。在近27年的持续发力中，我们与时代同呼吸，与园所特色、理念、文化链接，在传承的基础上，逐步衍生出特色鲜明的"和"文化理念，形成了我们自己的儿童观、教育观、课程观：我们相信每一个儿童都是充满灵性的、有力量的、可以自然生长的、充满创造力的个体；我们重视幼儿积极情感的培养，引导孩子从小就向着真、善、美的方向发展，养成好的行为、好的性格、好的品德，激发积极情感。积极情感教育课程就是在"尊重儿童，以儿童为中心"

的政策背景和发展方向下，回归到人的最初、最近的关系——人与自我的关系、人与环境的关系、亲子关系、师生关系、生生关系中去考察、立根、扶根，真正成为一种抵达儿童心灵、发育精神的教育。它将十幼"营造孩子和教师和谐乐园"的办园宗旨，培养"自理、自主、自力"的完整儿童的教学理念巧妙地融合在一起，吸收了依恋理论、同伴关系理论、人本主义理论、多元智能理论等教育学、心理学、哲学的专业知识，形成了在理论支架下以课程目标、课程内容、课程实施为主要内容的课程推进形式。即以3～6岁儿童为主要对象，以爱与认同、交往与适应、睿智与乐学为价值取向，以《3—6岁儿童学习与发展指南》《幼儿园教育指导纲要（试行）》的要求为主要内容，以一日生活、环境创设、师幼互动、特色活动等为主要组织形式。初步形成了以积极情感教育为特色，综合主题课程和领域课程相结合，整合各方教育资源，营造良好的育人环境，对幼儿实施全面素质教育的课程模式。在积极情感教育课程研究的基础上，十幼持续深挖课程内涵，并结合幼儿情绪情感发展的特点，探索幼儿积极情感的培养方式及策略，并在实践中不断尝试与反思。

积极情感教育课程是深圳学前教育课程改革下先行示范的代表，更是十幼积极情感教育的实践性产出，表明了幼儿园积极情感教育运行与发展的立场。让政策被看见，让幼儿教育有话语权，我们以爱之名，让情感的力量在幼儿园生根发芽，代代相传。

目前，积极情感教育课程依然在幼儿园的教育实践中持续发力。我们通过本书将已有的研究与经验进行汇编，希望能够为广大幼教同行开展积极情感教育提供一定的经验和借鉴。本书的出版凝聚了太多人的心血。首先要感谢深圳市教育局各级领导的信任与护航，为我们提供强有力的政策指引与专业支持，始终关注积极情感教育，让积极情感教育课程能够顺利地在幼儿园中运行；感谢深圳市教育局王水发副局长、学前教育处王巍处长、深圳大学师范学院刘国艳主任，始终关注和支持积极情感教育课程的发展方向，助力顶层设计，开展师资培训，让积极情感教育课程在十幼的每一步都能走得稳健、有据可依；我们还要诚挚地感谢天津师范大学教育学部梁慧娟副教授、广东省教育研究院基础教育研究室黄志红副主任、罗湖区教育科学研究院教研员李静老师一直以来的指导及引领。最后，衷心感谢十幼全体教师团队的相互支持与帮助，是你们竭尽全力贡献自己的智慧，在行动中通力合作，坚持从儿童的视角不断调整课程的设计与实践，让本书充满了儿童的灵性。我们将墨守初心，坚持理想，以积极情感教育滋养儿童生命。时光不语，静待花开！

编 者

2021年11月

目 录

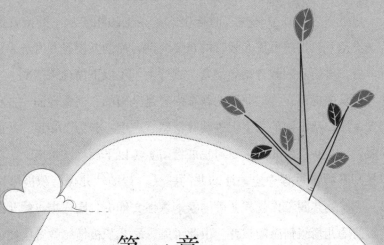

第一章

幼儿园积极情感
教育课程的溯本求源

积极情感教育课程的建设缘起

（一）落实新时代学前教育改革与发展的需要

习近平主席谈立德树人时指出："人生的扣子从一开始就要扣好。"3～6岁是儿童情感发展和教育的重要时期，而幼儿园是儿童进入社会的第一所学校，《幼儿园教育指导纲要（试行）》（以下简称《纲要》）在教育内容与要求中提道："幼儿园的教育内容是全面的、启蒙性的，各领域的内容相互渗透，从不同的角度促进幼儿情感、态度、能力、知识、技能等方面的发展。"《3—6岁儿童学习与发展指南》（以下简称《指南》）中也提道："教师在教育过程中应关注幼儿的感受，帮助幼儿保持积极愉快的情绪情感。"《幼儿园工作规程》等国家纲领性文件中，同样提出幼儿园应重视对学龄前幼儿情绪情感的教育。由此可见，幼儿积极情感教育已经成为当下炙手可热的课题，幼儿教育工作者皆认为有必要对如何利用多种途径系统培养幼儿积极情绪情感进行深入探讨。这也是深圳市第十幼儿园（以下简称"十幼"）关于积极情感教育课程运行的初心，是十幼历经了多年研发和实践的教育课程模式。我们从幼儿的视角出发，关注他们的内在潜能与需求，力求构建能够促进其全方位健康成长的课程模式。可以说，积极情感教育课程代表了十幼全体教职工对学前教育发展方向的预判，对政策的落实以及对幼儿未来生活能够拥有幸福与美好的期许。

（二）对幼儿健康成长具有重要意义

情感发展是个体成熟和发展的一个极其重要的表征。人的情感绝不是自然成熟的，而是在教育的促进下发展、成熟的。对教育要做完整的理解，不能回避、抽离情感层面。离开情感层面，教育就不可能铸造个人的精神、个人的经验世界，不能发挥大脑的完整功能，不能保持道德的追求，也不能反映人类的人文世界，只有情感才能充当人的内在尺度，才是教育走向创造、实现价值理性的根据。据我国婴幼儿社会性发展问题早期识别测评结果显示，儿童情绪情感和社会性发展的问题与障碍确实存在，如自闭症、反社会性人格、社交恐惧症等。经统计，学龄前儿童产生情绪情感类疾病的概率为10%～20%，并有逐年上升的趋势。可见，幼儿心理健康教育和积极情绪情感培养具有必要性与紧迫性。

十幼将积极情感教育作为研究重点，关注幼儿的态度、情绪、情感以及信念，通过使幼儿感到身心愉快的教育，引导幼儿对自己、他人以及生活和周围的一切产生积极的情感体验，逐步形成独立而健全的人格，为幼儿可持续发展打好坚实的基础。

（三）幼儿园积极情感教育发展的现存问题

改革开放以来，社会发展急需大量的知识人才，在人才培养过程中也呼唤情感层面的教育。纵观当前幼儿园的教育现状可以发现，在教育过程中与现代儿童观、教育观背道而驰的重智轻德、倚技弱情的现象仍然普遍存在。如果这些现象长期存在下去，势必会影响幼儿的身心健康，甚至影响幼儿一生的发展。

1. 重技能轻情感，幼儿园积极情感教育缺失

已有研究发现，在"重技能轻情感"的社会大背景下，我国一些幼儿园教育也体现出"重知识技能轻情感道德"的倾向。即便部分幼儿园已经开展了情感教学，也是趋于概念化、浅表化、教条化的德育，较少能够正视生命的内在情感，主要靠外部的知识灌输和行为规约，效果很有限。此外，涉及情感因素的教育样板缺乏令人信服的科学解释，促使很多业内研究学者开始思考道德及道德教育中更为内在性的东西。

2. 家长对积极情感教育重要性的认识不足

不可否认，我国关于积极情感教育方面的理论研究取得了一定的成果，但是在积极情感教育的具体开展上仍然存在很多压力和问题。部分家长过于注重孩子早期认知能力的发展，对孩子进行单方面的知识灌输，不考虑其身心发展规律，给孩子造成过度的压力，这也在一定程度上破坏了孩子对情感

的感受力，对孩子身心健康成长起到反作用。

3. 教师缺少关于积极情感教育的理论支撑，对其了解浅表化

在实际教学中，教师更多把积极情感教育作为一种手段形式化，导致教学过程中幼儿并未掌握必备的基础知识和技能，是趋向于华而不实的教学。我国以往开展的积极情感教育实践，如情境教育模式、愉快教育等都有着共同的特点，就是把积极情感教育作为一种加强学科教学、提高幼儿学习兴趣的手段和方法。在日常教学中，把它看作促进知识技能学习的辅助手段，而不是教育目的本身。由此可见，积极情感教育研究是我国社会发展过程中研究者对教育现实深切关怀的产物，仍存在着需继续解决的问题矛盾。

（四）十幼对积极情感教育发展的基础性研究

积极情感教育课程在十幼有着较为深厚的研究基础，它承载了我们对幼儿可持续发展和健康成长的期盼。它以幼儿情绪情感健康发展为价值取向，重视情绪的内涵，以课程逻辑贯穿始终，表明了十幼的教育立场。纵观积极情感教育课程在十幼的发展历程，我们不难发现，它从一定层面上反映了十幼的园所文化及价值内涵，无论是物质文化、精神文化、制度文化还是落脚个人的行为文化，均在其中有所体现。物质文化方面，我们创设温馨的"家氛围"的园所环境，让幼儿心灵回归平和、舒适；精神文化方面，我们注重幼儿情感的培养，从师幼互动、一日生活等各个方面融入情感的元素，注重幼儿精神层面的价值需求，力图培养"和美"师生关系、生生关系等。同时，在课程内容规划与实施上摒弃传统的按领域划分的方式，在幼儿学习与发展观、教育活动课程观、保教人员角色观等方面做出诸多改变。通过建构明晰的积极情感教育课程框架和目标，为幼儿提供适宜的积极情感教育活动，协助幼儿形成良好的情感态度、个性品性，同时引导教师对教育品质的追求，除了要包括专业知识和能力之外，还加强情、意等方面的修养和发展，注重自身在一日生活中的情绪变化、情感传递。积极情感教育在十幼已经有了十数年的历程，无论是课程的目标、实施、组织形式等都有了较为系统的可参考资料。此外，十幼的教师作为积极情感教育课程推进的重要实施者，更在一线的教学中积累了大量的直接、间接经验。在梳理课程的过程中，我们也在依托时代的发展不断进行理论上、实践上的创新，使已有经验与可持续发展经验并行。

第二章

幼儿园积极情感
教育课程的理论依托

积极情感教育研究的是人的情感层面如何在教育的影响下走向新的高度，关注作为人的生命机制之一的情绪机制如何与生理机制、思维机制一道协调发挥作用，以达到最佳的功能状态。情感与人的生存发展的关系是多方面的，人的情绪机制参与人的对象化活动的一切领域和全部过程。目前关于我国幼儿园课程的主导定义是活动论，即幼儿在园的一切活动都属于幼儿园课程的范畴，当把活动概念作为全部教育理论和逻辑起点时，积极情感教育的问题显然是一个辐射教育活动全域、全程的理论问题与实践问题。但就其内涵而言，它不仅是一种教学方法，还是一种教育思想和观念。苏霍姆林斯基认为："积极情感教育是全面发展教育的重要组成部分，它能够培养个性全面和谐发展的人。"朱小蔓教授也曾指出："积极情感教育是一种与认知教育相对的教育概念，它应该是贯穿于整个教育过程中的一种教育理念，而非特殊独立的教育形式。"根据国内外专家对于积极情感教育定义的梳理，我们认为积极情感教育是完整教育过程必不可少的一部分，是指在教育过程中，教育者创设融洽的教学环境，将教育过程中的情感与认知相结合，充分发挥情感因素的积极作用，通过情感交流增强受教育者的积极情感体验，培养和丰富他们的情感，促使他们形成独立健全的个性和人格。

积极情感教育课程是一种开放的、多元的、有生命力且可持续发展的课程模式，在开展积极情感教育课程实践研究的过程中，幼儿园应始终坚持结合本园实际，运用整合思维来实现课程与各种理论研究的接轨，"博取众家之所长"，借鉴学习诸多先进的教育理念及课程模式，支撑幼儿园的课程建设，包括：加强对幼儿期各种情感问题的研究，全面了解儿童各方面的情感表现、情感需求以及相应教育策略的探讨；加强积极情感教育与个性心理、德行发展、社会适应之间的关系，扩大积极情感教育实施的领域；加强对幼儿园课程模式的研究，探索各种课程模式与积极情感教育课程的相互融合和相辅相成。

我们在此对情感与情绪比较容易混淆的概念做操作性的澄清。情感与情绪的联系是：情感是在多次情绪体验的基础上形成的，并通过情绪表现出来；反之，情绪的表现和变化又受已形成的情感的制约。但情感与情绪的区别在于两者的本质不同，着重点也不同。

情感是较高级的感情现象，着重体现感情的内容方面，具有较稳定持久、内隐含蓄的特点，它通常与人的精神性或社会性需要密切相关，情感是人内心体验的形式，稳定地隐藏在人的个性生活当中。人的高级情感依其性质和内容可分为道德感、理智感和美感，具有非常大的稳定性、深刻性和持久性。而情绪是最基本的感情现象，和人的自然需要有没有得到满足相联系，着重体现感情的过程，常具有外露明显、持续时间较短的特点，如喜怒哀乐。情绪从根本上说只有两种，即愉快和不愉快。情绪具有比较鲜明的情境性和短暂性，往往随着相应情境的改变和需要的满足，很快就会消失或是减弱。用比较通俗的言语来描述情感和情绪就是：大多数涉及道德好坏的是情感，涉及本能需要的是情绪。两者形式上有区别，但它们之间的联系也是比较密切的，在实践活动中两者是统一的，情感要用情绪来表达，情绪体现着复杂的情感。

一、积极心理学的情绪阶段性理论

积极心理学产生于20世纪末，由美国心理学家Martin E. P. Seligman提出，致力于研究如何促使个体、群体、组织发挥积极功能或走向繁荣等问题。

积极心理学侧重于研究积极情绪体验、积极人格特质和积极社会组织等层面，力图以积极取向的科学心理学研究推进个体与群体的幸福进程、推动人类社会的进步与发展等。它既是对集中于解决心理问题的病态心理学的反叛，又是对人性中的积极层面、人的理性的复归，同时还符合当前人类追求高质量生活品质的要求。积极心理学的研究内容主要包括三个方面：主观层面上的积极情绪体验研究、个人层面上的积极人格特质研究和群体层面上的积极社会组织系统研究。在学前教育方面，积极心理学的研究表明其对幼儿非智力因素的发展有着一定的影响，如能够培养幼儿的兴趣、意志品质、健全人格等。

基于积极心理学，我们可以清晰地知道，人的情绪情感是可以经过后天培养与塑造的，按照其提出的情绪情感发展的阶段性特征和实践要求，我们的课程能够更系统、有依据地对培养幼儿积极情感进行目标的设定及维度的划分，并确定每个阶段的发展要求。

二、建构主义的学习观理念

建构主义又被译为结构主义，最早提出者可追溯至瑞士的皮亚杰，他是认知发展领域最有影响力的一位心理学家。皮亚杰的理论充满唯物辩证法，他坚持从内因和外因相互作用的观点来研究儿童的认知发展，他认为知识的建构不是外部物理世界的经验副本，也不是主体内部构成的结构主体，而是在不断成熟的基础上，在与客体相互作用的过程中获得个体经验与社会经验，并不断协调，建构形成一系列高级认知结构的过程。此外，他从相互作用的观点阐述了幼儿的认知发展是在与环境相互作用的过程中，逐步建构起关于外部世界的知识，从而使自身认知结构得到发展。儿童与环境的相互作用是指外部环境发生变化，而原有认知结构无法同化新环境提供的信息所引起的儿童认知结构发生重组的过程，儿童的认知结构就是在同化与顺应的过程中逐渐发展起来的，并且在循环中不断地得到丰富、提高和发展。

建构主义的学习观认为，学习不是由教师把知识简单地传递给学生，而是由学生自己建构知识的过程。学生不是简单被动地接收信息，而是主动地建构知识的意义，这种建构是无法由他人来代替的；学习不是被动地接收信息刺激，而是主动地建构意义，是根据自己的经验背景，对外部信息进行主动的选择、加工和处理，从而获得自己的意义；学习意义的获得，是每个学习者以自己原有的知识经验为基础，对新信息重新认识和编码，建构自己的理解。在这一过程中，学习者原有的知识经验因为新知识经验的进入而发生调整和改变，这为积极情感教育的推进方向提出了新的思路。如上所述，幼儿在情绪的体验与表征中获得的关键经验是有据可循的，其认知发展与学习具有独特性，因此利用建构主义的学习观，我们可以了解幼儿的学习过程和认知规律，能较好地说明学习如何发生、意义如何建构、概念如何形成，基于此，我们可以寻求理想的学习环境的创设、一日生活的组织形式、师幼互动的形成应该怎样更好地推进及渗透，建构主义的学习观为其积极情感教育课程的实现方式提供了支架，形成了一套切实可行的、有效用的模式，并在此基础上实现教育理想。

三、依恋理论的情感可塑性思想

依恋理论是由英国精神病学家约翰·鲍比（John Bowlby）首先提出的，他认为在人生的初始阶段，父母或其他看护人对婴幼儿持续长久亲密的身体接触和百般的情感呵护，会产生一种亲子间强烈的感情链接。可以说，依恋是儿童社会化过程中至关重要的一个环节，对儿童此后人生的发展有着极其重要的影响。安全型依恋的儿童比不安全者在以后的生活中更自信、更合作、更友好、更热情、更有能力。儿童的依恋具有相当大的可塑性，年龄越小，其可塑性越大，因而必须重视早期依恋的形成，注重现实环境对儿童依恋的影响，要尽可能提高环境因素的质量，减轻幼儿因入园引起生理上和精神上的焦虑与不适，促进幼儿安全依恋的形成。其中依恋行为系统是依恋理论的重要概念，在其看来，依恋系统实质上是"询问"这样一些根本性的问题：所依恋的对象在附近吗？他依赖我吗？他接受我吗？他关注我吗？如果这个问题孩子的觉察结果为"是"，那么他会感觉到温暖和爱、安全、自信，并会敢于探索周围环境，但如果孩子察觉的问题结果为"否"，那么结果可能就会完全相反。

依恋理论的依恋行为系统对积极情感教育课程的最大指导性在于基于依恋的形成，孩子在环境、师幼关系、一日生活等方面的浸润式互动体验。

积极情感教育中环境创设的过程正是隐形依恋行为系统建立的过程，我们通过基本式与变式的环境创设让幼儿在潜移默化中对幼儿园建立依恋情感的链接。在幼儿的一日生活中，幼儿通常会形成一种基于人际关系的内部工作模式，我们作为支持系统的一部分，可以通过建立各种各样的依恋情景支持引导幼儿自主探究，与情感对话，鼓励幼儿自主地感受爱与被爱等。

四、同伴关系理论的儿童社会能力影响的作用

哈斯里提出了群体社会化理论，认为同伴对儿童社会能力的影响作用甚至大于家庭，而安娜·弗洛伊德和索菲·唐的经典研究指出，同伴关系可以补偿亲子关系的缺失。20世纪70年代中期以来，发展心理学家对儿童同伴关系进行深入的研究发现：儿童在与同伴相互作用的过程中，发展了一种崭新的人际关系——同伴关系。同伴关系既是儿童社会化的内容之一，也是儿童社会化的重要途径。同伴关系可以满足儿童归属和爱的需要、尊重的需要；同伴关系具有行为强化、榜样学习和社会比较的作用，同伴关系是儿童情感支持的一个重要来源。家庭因素、教师因素、环境因素和幼儿的自身因素是影响幼儿同伴关系的四大重要因素。良好的同伴关系有利于儿童的成长，而不良的同伴关系会使儿童的成长受阻，并且可能会出现学校适应困难，甚至成人以后可能会出现社会适应困难。因此，在幼儿同伴交往的过程中，我们要意识到同伴关系的重要性并结合幼儿同伴关系的发展特点及影响因素，为幼儿的同伴交往创设良好的环境。

同伴关系理论的本质及其对幼儿成长及关系建立的价值为积极情感教育课程中课程的目标体系架构提供了直接的支持，在积极情感教育课程的设计中，课程目标作为其中的重要一环，需符合幼儿成长轨迹。同伴关系理论属于社会理论流派，对幼儿的社会性发展提出要求，是幼儿情感支撑的重要来源之一，这为幼儿园设定积极情感教育课程目标提供了支撑性价值。因此不难看出，同伴关系理论体现了幼儿积极情感教育目标建构的基本路径，

其社会性价值对幼儿积极情感教育的意义也是直接且有力度的。

五、《发展适宜性实践》对儿童社会情感问题的启发

"发展适宜性实践"由美国幼儿教育协会提出，是在学前教育出现较为严重小学化倾向的背景下，提倡在尊重儿童的基础上促进儿童发展的一套价值理念。《发展适宜性实践》一书关于学前期儿童社会、情感问题的章节中，对幼儿亲社会行为和攻击性行为、促进学前儿童情绪控制能力的发展、培养个体认同感、指导儿童自我控制等方面的内容，使我们对学前期幼儿的情感发展的特点有了更深的认识。该书对幼儿园在推进积极情感教育课程中的成人示范、解释和指导进行了具体的描述，使教师在一日生活情境中处理有关的情感问题时有了具象的蓝本参考。

第三章

幼儿园积极情感
教育课程的目标体系

一、幼儿园积极情感教育课程目标的建构原则

目标在课程中处于核心地位，它既是课程的起点，也是课程的终点。积极情感教育的育人目标是培养"自理、自主、自力"的完整儿童。

（一）社会性和时代性原则

教育是一种社会现象。关注深圳社会的发展，考虑深圳作为国际化大都市未来时代和未来社会对教育的要求与对人才的需求，要求幼儿园教育目标及课程顺应时代的发展和变化，培养富有挑战精神、能够适应多元变化世界的人。每个人都要有面向世界、面向未来的眼界、胸怀和素质，有自主、开拓、创新、应变能力，有合作、竞争的精神以及处理人际关系和组织协调能力。因此，教育目标的制定只有突出基本素质的培养，才能使幼儿成为真正适应未来社会需要的人才；目标的表述应充分反映培养幼儿的责任感以及自理、分享、合作、适应、创新能力等素质要求。

（二）全面性和整体性原则

全面发展的教育、完整儿童的发展要求幼儿园课程目标设定需依据全面性和整体性原则。在智、德、体、美、劳全面发展的总目标前提下，积极情感教育根据儿童与自我、环境、他人的相互关系以及儿童在与这三个方面联系过程中的表现划分为爱与认同、交往与适应、睿智与乐学三个方面。

（三）问题性和实践性原则

通过多年教育实践，我们发现幼儿的心理特点、情绪表现和情感需求具有一定的独特性，包括：幼儿入园后分离焦虑的问题，深圳外来儿童的心理适应问题，伴随幼儿年龄增长带来的阶段性问题以及随着二胎政策开放出现的幼儿因心理不平衡而产生妒忌、自卑心理或出现"恶性竞争"行为等问题。为此，幼儿园尝试开展幼儿情绪情感的实践研究，根据3~6岁幼儿身心发展的特点以及幼儿实际发展水平确定目标的可行性和可操作性。

（四）连续性和一致性原则

幼儿园课程总目标是依靠各个层级的目标层层落实的。根据儿童的年龄特点以及其心理发展的连续性和渐进性，积极情感教育课程的目标分为初级、中级、高级三个阶段。下层目标与上层目标之间、局部目标与整体目标之间要协调一致，通过每一层、每一个阶段、每一个具体的活动目标的实现来完成总目标。

二、幼儿园积极情感教育课程目标的建构依据

积极情感教育广泛汲取生活教育理论、依恋理论、同伴关系理论、积极心理学理论、发展适宜性实践的研究成果，结合对深圳本土具体实际、多胎家庭子女等社会问题的现状分析，挖掘幼儿生活与社会环境中的教育价值，将整合的理念运用于课程构建，"目标"是积极情感教育课程的导向与核心，指明了幼儿在积极情感教育课程中学习与发展最基本、最重要的方面。根据儿童与自我、环境、他人的相互关系以及儿童在与这三个方面联系过程中的表现，将积极情感教育课程的目标划分为爱与认同、交往与适应、睿智与乐学三个方面：爱与认同重点涉及健康和归属，帮助儿童形成健康的身心和自我观念以及爱自己、爱集体、爱家乡、爱祖国的情感；交往与适应重点涉及合作精神，帮助儿童形成乐于与人合作的态度；睿智与乐学重点涉及呵护儿童的好奇心、坚持力、专注力等学习品质的培养，帮助儿童形成睿智、乐学的学习态度。三个方面涵盖了儿童全面发展的各个方面，既照顾到儿童发展的整体性，又有所侧重。每个年龄段的幼儿在情绪情感、社会性发展等方面有着一定的差异和特质。

（一）依据当代社会生活发展的需要

积极的情绪情感是幼儿身心健康的重要标志之一，是人终身发展的一个重要因素。《纲要》明确指出："幼儿园必须把保护幼儿的生命和促进幼儿的健康放在工作的首位，树立健康观念，在重视幼儿身体健康的同时，要高

度重视幼儿的心理健康。"《指南》在健康领域的"身心状况"方面明确提出了"情绪安定愉快""学会交往、与同伴友好相处""学会尊重"等发展目标，并在教育建议中强调：要为幼儿营造温暖、轻松的心理环境，让幼儿形成安全感和信赖感，要以积极、愉快的情绪影响幼儿。2016年颁布的《幼儿园工作规程》也在"幼儿园的卫生保健""幼儿园的教育"等章节反复强调要"保持幼儿积极的情绪状态""使幼儿在游戏过程中获得积极的情绪情感体验"。当代社会对人的积极情绪情感促进人的发展的作用越来越重视，我国学前教育业界越来越关注幼儿园教育中的情绪情感层面。为贯彻国家纲领性文件要求，幼儿园有必要利用多种途径和形式系统地培养幼儿积极的情绪情感。

（二）依据积极心理学理论研究

《纲要》指出："幼儿园必须把保护幼儿的生命和促进幼儿的健康放在教育工作的首要位置，树立正确的健康观念，在重视幼儿身体健康的同时，重视幼儿的心理健康。"《指南》也对幼儿身心健康发展提出了具体、可操作性的要求。积极心理学倡导研究人们正面的、积极的心理品质。基于积极心理学的理念，幼儿心理健康教育的重点在于培养幼儿良好的心理品质，包括客观地评价自己、认知自己，有良好的人际交往能力、心理承受能力、情绪调节和控制能力，爱家乡、爱祖国、爱集体、爱劳动、诚实友爱、坚持好问、不怕困难、尊重、感恩等。

（三）依据对幼儿发展的研究

近10年，我国基层儿童保健专业人员在儿童保健服务中开展了婴幼儿情绪社会性发展问题的早期识别，有关测评结果显示，我国儿童的情绪和社会性发展问题与障碍确实存在，发生率为10%～20%，并有逐年上升的趋势。由此可见，幼儿心理健康教育和积极情绪培养的必要性与紧迫性。

积极情绪情感能够促进幼儿的身心健康发展，而且是幼儿认知能力发展的催化剂，能有效提高幼儿学习的积极性和主动性，还有助于幼儿良好个性的养成。因此，开展培养积极情绪的研究，有助于帮助幼儿顺利适应幼儿园生活，引导幼儿建立正确的自我意识、社会同情心、价值信念，为健全的人格发展奠定基础。

（四）依据十幼前期积极情感教育研究经验

作为深圳市首家公办寄宿制幼儿园，我们发现幼儿的心理特点、情绪表现和情感需求具有一定的独特性，包括：幼儿入园后分离焦虑的问题，独生子女家庭中因无异龄同伴出现的唯我独尊、任性、交往能力弱等问题，以及随着年龄增长带来的阶段性问题，还有一天及一周各个生活时段情绪和心理需求的不同等问题。而良好、稳定的情绪情感，适宜的情绪控制、移情能力能满足幼儿的安全感，帮助幼儿构建温暖的人际关系，学会接纳、表达、分享、合作、尊重、感恩和在活动中不怕困难、勇于探究的精神。

三、幼儿园积极情感教育课程目标

积极情感教育课程目标的确立既要考虑儿童全面发展的需要，又要符合未来社会对人的情感方面的要求。因此，积极情感教育课程的总目标是：通过渗透于幼儿园各领域活动中的情感支持，营造促进幼儿身心和谐发展的教育环境，优化幼儿园一日生活的组织与安排，开展具有情感特色的主题或专题活动，挖掘积极情感教育中家、园、社区协同共育的独特价值，促进幼儿在爱与认同、交往与适应、睿智与乐学等各方面的发展，致力于培养具有积极情感与自我意识、良好的社会交往能力、热爱生命、懂感恩、有好奇心和专注力、不怕困难、会尊重的完整儿童。

（一）爱与认同

随着幼儿成长过程中自我意识的不断发展，"爱"的情绪情感体验也会更加丰富，他们爱自己、爱集体、爱社会、爱祖国。"认同"关乎归属，在幼儿早期的个性与社会性发展中，认同是一种关键力量。积极心理学认为人们都有积极的心理潜能，都有自我向上的成长能力。幼儿自我认同的形成包括情绪认知与控制、自我意识的建立、文化与种族认同。幼儿的经验、温暖的情感环境、师幼互动中教师的示范、同伴之间的互动影响、有效的教学活动等是爱与认同学习重要的途径。具体包括以下几个方面。

（1）具有良好的自我认同能力。

（2）具有初步的情绪认知与控制能力。

（3）愿意亲近自然，热爱生命。

（4）有初步的中华文化与种族认同感。

（二）交往与适应

"交往"是幼儿强烈的心理需求。通过社会交往可以使幼儿了解和认识人与人之间、人与社会之间的正常关系，帮助幼儿克服任性、以自我为中心等不利于社会交往的行为，充分发展个性；"适应"是通过交往以形成适应社会发展要求的社会性行为。交往能力包括被同伴接纳、喜欢，拥有朋友，会分工合作，愿意分享，会协商解决问题等方面的内容。具体包括以下几个方面。

（1）愿意与人交往，喜欢并适应群体生活。

（2）能与同伴友好相处，愿意遵守基本的行为规范。

（3）具有自尊、自信、自主的表现，懂得关心、尊重他人。

（三）睿智与乐学

《指南》明确提出："要充分尊重和保护幼儿的好奇心和学习兴趣，帮助幼儿逐步养成积极主动、认真专注、不怕困难、敢于探究和尝试、乐于想象和创造等良好学习品质。""睿智"是指聪慧且有钻研的精神和深度学习的能力；"乐学"是指在活动中保持好奇心、持续、专注、乐于探索、体验快乐。具体包括以下几个方面。

（1）培养幼儿的好奇心，激发幼儿探索的兴趣。

（2）能保持专注力，有持久力，具有不怕困难的意志品质。

（3）具有初步的想象力、创造力。

十幼积极情感教育课程目标指引体系内容见下表。

深圳市第十幼儿园积极情感教育课程目标指引体系			
目标　　子目标　　典型表现	初级	中级	高级
爱与认同	1.具有良好的自我认同能力	1.知道自己，会用"我"表示自己。 2.能在成人提示下整理自己的物品。 3.在教师的支持和鼓励下乐于接受任务。 4.能在成人的帮助下穿脱衣服	1.用语言表达自己的需要、喜欢。 2.能自主整理物品。 3.知道接受了任务要努力完成。 4.能够清楚了解自己的优点和长处。 5.能自己穿脱衣服、鞋袜，扣纽扣	1.能说出自己喜欢与不喜欢的人和事，并描述为什么。 2.能按类别整理好自己的物品，并能承担物品的管理任务。 3.能认真地完成自己接受的任务，能对某个问题谈自己的观点、想法。 4.通过和别人协商解决出现的矛盾。 5.能根据冷热增减衣服，会自己系鞋带，收拾自己的物品
	2.具有初步的情绪认知与控制能力	1.情绪比较稳定。 2.有较强的情绪反应时，能在成人的安抚下安静下来	1.经常保持愉快的情绪。 2.能较好地控制自己的负面情绪，愿意把自己的情绪告诉亲近的人。 3.表达情绪的方式比较适度，能随着活动需要转换情绪和注意。 4.学会关心、关注他人情绪，以适当的方法帮助他人	能用语言描述自己的情绪状态

深圳市第十幼儿园积极情感教育课程目标指引体系			
目标 \ 子目标 典型表现	初级	中级	高级
爱与认同 3.愿意亲近自然，热爱生命	1.喜欢大自然，对周围的很多事物和现象感兴趣。 2.经常问各种问题，或好奇地摆弄物品。 3.认识常见的动植物，知道动植物的多样性，能够初步感知生命	1.喜欢接触新事物，经常问一些与新事物相关的问题。 2.常常动手动脑探索物体和材料，并乐在其中。 3.能感知发现动植物生长变化以及基本条件，初步了解生命的意义	1.对自己感兴趣的问题总能刨根问底。 2.能经常动手动脑寻找问题的答案。 3.探索中有所发现时会感动、兴奋和满足。 4.能察觉到动植物的外形特征、习性，与生存环境的适应性关系
4.有初步的中华文化与种族认同感	1.能感受和自己生活的家庭成员，爱父母，亲近长辈。 2.能说出自己家所在的街道/小区的名称。 3.知道国旗、国歌	1.能说出自己家所在的省、市、县名称，知道当地具有代表性的景观。 2.知道自己是中国人。 3.奏国歌、升国旗时能够主动站好	1.能够感受到家乡的发展变化。 2.知道自己的民族，知道中国是一个多民族的大家庭。 3.知道各民族间要相互尊重、团结友爱。 4.爱祖国，为自己是中国人而感到自豪
交往与适应 1.愿意与人交往，喜欢并适应群体生活	1.愿意与小朋友一起游戏。 2.愿意与熟悉的长辈一起活动。 3.对群体生活感兴趣。 4.对幼儿园的生活好奇，喜欢上幼儿园	1.喜欢与小朋友一起游戏，有经常一起玩的小伙伴。 2.喜欢和长辈们交谈，有事愿意告诉长辈。 3.愿意并主动参加群体活动。 4.愿意与家长一起参加社区的集体活动	1.有自己的好朋友，也喜欢结交新朋友。 2.有问题愿意向别人请教。 3.有高兴和有趣的事愿意与大家分享。 4.在群体活动中积极、快乐。 5.对小学生活有好奇和向往

深圳市第十幼儿园积极情感教育课程目标指引体系			
目标　　子目标　　典型表现	初级	中级	高级
2.能与同伴友好相处，愿意遵守基本的行为规范	1.想加入同伴游戏时，能友好地提出请求。 2.与同伴发生冲突时，能听从成人的劝解。 3.在提醒下能够遵守游戏和公共场所的规则。 4.知道不经允许不能拿别人的东西，借别人的东西要归还。 5.在成人的提醒下保护、爱护玩具和物品	1.会介绍自己，运用交换玩具等技巧加入同伴游戏。 2.与同伴发生冲突时，能在他人的帮助下和平解决。 3.愿意接受同伴的意见和建议。 4.感受规则的意义，并能基本遵守规则。 5.不私自拿不属于自己的东西。 6.在提醒下知道要节约粮食和水电	1.能想办法吸引同伴一起游戏，并能分工合作，遇到困难一起克服。 2.与同伴发生冲突时一起协商解决。 3.能倾听和接受不一样的意见。 4.理解规则的意义，能够与同伴协商制定游戏和活动规则。 5.做错了事敢于承认，不说谎。 6.爱惜物品，借用别人的物品知道爱护，爱护环境、节约资源
3.具有自尊、自信、自主的表现，懂得关心、尊重他人	1.根据自己的兴趣选择游戏和活动，并为好的行为成果感到高兴。 2.自己能做的事情愿意自己做。 3.喜欢承担一些小任务。 4.长辈说话时能认真听，并听从长辈的要求。 5.身边的人生病或不开心时表示同情。 6.在提醒下能做到不打扰别人	1.按自己的想法进行游戏和活动。 2.自己的事情尽量自己做，不依赖别人。 3.尝试一定难度的活动和任务。 4.用礼貌的方式向长辈表达自己的要求和想法。 5.注意到别人的情绪并有关心体贴的表现。 6.知道父母的职业，并体会父母养育自己付出的辛苦	1.主动发起活动，并在活动中出主意、想办法。 2.自己的事情自己做，不会的愿意学。 3.主动承担任务，遇到困难勇于挑战。 4.有礼貌地与人交往。 5.能关注别人的情绪和需要并给予帮助。 6.接纳并尊重与自己生活方式不同的人

交往与适应

续　表

深圳市第十幼儿园积极情感教育课程目标指引体系			
目标 / 子目标 典型表现	初级	中级	高级
1.培养幼儿的好奇心，激发幼儿探索的兴趣	1.对游戏活动感兴趣。 2.对感兴趣的事物仔细观察，发现其明显特征	1.在游戏中会运用猜想、提问。 2.能对事物和现象进行观察比较，发现其有相同和不同	1.与教师分享兴趣和想法。 2.喜欢问"什么""怎么样"等问题。 3.通过观察、比较、分析，发现不同种类物体的特征和某个事物前后的变化
2.能保持专注力，有持久力，具有不怕困难的意志品质	1.能在教师的引导下，在本班范围内选择自己的游戏区域。 2.选择一个游戏后能玩到结束。 3.对新活动、新任务感兴趣。 4.当游戏或活动遇到困难时，能告诉老师。 5.愿意听老师的建议	1.能自主在全年级范围内选择自己的游戏活动。 2.教师布置任务时能注意听，在没有成人的帮助下独自完成一项任务。 3.当遇到困难时，愿意接受别人的建议并进行新的尝试。 4.能确定自己能做或不能做某件事。 5.愿意接受新的任务	1.能自主创设游戏情境，准备游戏材料，选择游戏内容。 2.自己能独立完成一项工作。 3.知道一件事的后果并能说出。 4.看到同伴会某种技能，请别人教自己。 5.把自己的担心、害怕等感觉告诉老师。 6.根据以前学习的技能，尝试新的活动或任务。 7.努力纠正自己的错误
3.具有初步的想象力、创造力	能用声音、动作、姿态模拟自然界的事物和生活情境，并关注产生的结果	1.能用绘画和手工制作表现自己观察与想象的事物。 2.能根据结果提出问题，并大胆猜测答案	1.能根据自己的想法进行创作。 2.能在成人的帮助下根据自己的需要开展活动，并验证自己的猜测。 3.游戏时愿意尝试，勇于想象和创新

（左侧竖排：睿智与乐学）

第四章

幼儿园积极情感
教育课程的内容模块

一、幼儿园积极情感教育课程内容的来源

幼儿园课程的内容除了知识以外，还有实际存在的事物、现象、活动。除了人之外的自然现象、事物及其之间的关系，还包括人自己的身心状态及变化，如人的情绪情感、个性发展、意志磨炼等。3～6岁的儿童虽然幼小，但也是有认知、情感、兴趣、需要、意志、欲望、动机、个性特征的主体性的完整的人，充满了生机，有待成人合理地去指导、引导其发展。这也是积极情感教育课程所侧重和关注的。情感与社会生活是幼儿园教育的主题之一，要从童年开始培养儿童的情感能力。课程内容着眼于儿童的生活实际，关注儿童情绪体验和情感需求本身，同时也是教师的精心选择和经验判断。课程内容的主要来源有以下几个方面。

（一）儿童内心的独特世界

每一个孩子都是独特、复杂、多面且充满活力的个体。他们拥有自己的思想、天赋、个性、好奇心和情感上的需求。他们在身体、认知、社会性及情绪方面所表现出来的优势、劣势等特质，都与其所处家庭的结构、家长的文化价值观、教育经历及经济水平等背景性因素息息相关。

熊宝已经4岁了，还总在等待着别人的照顾与帮助。他不会自己握勺子，吃饭时等待着老师抽出时间喂饭；睡觉时等待着老师帮他脱衣服，起床后就坐在床上发呆等待着老师。他不会握笔、剪纸，甚至在游戏中，他从不主动选择，没有表现出对任何活动有向往、迫切期待等情绪变化，他只是安静地坐在一旁等待着老师的安排。老师通过家访得知，熊宝是生意成功且十分忙碌的父母年近中旬而喜添的满崽（小儿子）。一直以来，他所有的生活都由两个保姆无微不至地照顾，无须任何语言上的表达、情绪上的变化，只需饭来张口、衣来伸手。

3岁的齐齐上幼儿园两个月了。他整天抱着一条从家里带来的、看不出颜色、近乎破烂的毛巾，一刻也不能撒手。他用它擦眼泪、搂着它睡觉、对

着它喃喃自语，不断重复着"要回家、要回家……"，一旦老师要他把毛巾放下，以便参与其他活动，他就哭闹不止、焦躁不安，这种情况一直持续着。

《指南》在健康领域提出"创设温馨的人际环境，让幼儿充分感受到亲情和关爱，形成积极稳定的情绪情感"。我们应重视与幼儿的心灵沟通，关注幼儿自发生活与共同生活的体验，根据幼儿的个体需求与实际发展状况进行有针对性的援助和指导。幼儿教师承担着许多不同的角色，包括对幼儿的看护、情感方面的照料和支持。当幼儿感到不安或需要帮助时，教师如能从身心方面为幼儿提供安慰、保护和安全感，幼儿则会对教师产生信任，获得自信心与自我成长、自我教育的能力。因此，情感课程的内容应适应幼儿的发展特性与个体差异，需包容课内课外、显性隐性等多种培养途径。例如，幼儿以什么样的心情来到幼儿园？想进行什么活动？是否愿意与大家一起活动？以怎样的介入方式为佳？……教师应该在对每一名幼儿进行细致观察的基础上，精心地设计一日活动，并灵活地根据实际情况来修正与调整，同时给予个性化的支持与满足。

（二）孩子的生活

1. 幼儿的生活中处处蕴含着积极情感教育的内容

幼儿是在生活中、在与周围环境的互动中成长的。因此，积极情感教育的内容来源于幼儿的生活及幼儿与环境互动的经验。

（1）幼儿园一日生活皆为积极情感教育的内容。日本幼儿教育家仓桥惣三在《保育法真谛》一书中指出："幼儿园应该是幼儿能够自主地开展属于自己生活活动的场所，是幼儿能够在生活中发挥自我充实能力的机构。"

熙泽对妈妈说："妈妈，我要去幼儿园了，虽然很不想和你分开，但一想到陈老师会给我一个大大的拥抱，我又想快点到幼儿园。"

娃娃家游戏中，老师发现田田小朋友非常忙碌的样子，又是收拾房间，又是照顾宝宝，还要忙着做饭，于是问她："田田妈妈，你干吗不把事情分一些给爸爸做呢？"田田听了不好意思地说："怎么我没想到呢？"她对正在无所事事的"爸爸"喊："老公，老公，快来帮我切菜。"在田田的吩咐下，幼儿们分工合作，各自做起了自己的事情。

在孩子看来，幼儿园是与家庭不同的快乐的生活场所。这里有许多朋友，可以玩各种游戏，他们可以凭借自己的力量来进行属于自己的活动，发展自己的生活。当遇到困难时，有像妈妈一样的教师来帮助自己，每天上幼儿园都是为了迎接新的生活。

由此可见，幼儿园的生活中蕴含着丰富的积极情感教育内容，这些对于发展幼儿积极的社会情感具有重要的意义。例如，在积极情感教育的社会交往目标中，幼儿要学习处理同伴关系，发展友谊。每天的餐后私物分享就是很好的载体，教师可以以此为契机，让幼儿体验如何通过适宜的交往方式得以成功交换私物，也让幼儿体验合作一起玩耍的乐趣；节庆活动也是载体之一，节庆活动原本就是为了使生活变得快乐和丰富多彩，积极情感教育的内容可以是教师创设的节庆情境，如生日晚会、中秋灯会等，让幼儿在直接参与的情境中激发真情实感，获得积极有益的情感体验；游戏活动也是其中重要的载体，例如，积极情感教育的内容强调角色游戏对发展幼儿积极社会情感的作用，多场景的角色游戏情境比单一的角色游戏更能激发幼儿对社会角色行为模仿的丰富性、多样性，也更有利于幼儿与不同社会角色之间的交往与合作。

（2）积极情感教育时刻渗透于家庭生活中，起着潜移默化的作用。家庭是幼儿情感培养的熔炉，因为家庭是以骨肉亲情为纽带的特殊社会组织，父母与子女之间有着特殊的情感关系，也是人生情感习得的启蒙学校，是人类情感最美好、最丰富的资源所在地。

茜茜妈妈分享她的家庭教育经验时说："每天分水果的时候，我总是让茜茜把最大的分给爸爸妈妈，最小的给自己，日复一日地坚持让她这样做。我和她爸爸对家里的老人也是这样，总是先紧着最大的、最好的留给爷爷奶奶。我们希望从日常生活中最小的琐事——孝顺老人、不吃独食入手教育孩子，让她心中有他人。"

幼儿的情绪情感最容易受父母的感染。父母的爱和良好的家庭情感氛围是幼儿形成初步的积极情绪情感的重要条件。父母身上所具有的涵养与美德有孝敬老人、互敬互爱、和睦相处，善于处理好自己的情绪，表现得愉快、喜悦、乐观向上，对孩子的爱宽严有度等。这些都是隐性的积极情感教育内容，能使幼儿生活在温馨的家庭氛围中，得到关心爱护，获得爱和尊重的体验，从而心情愉快，产生主动向上的积极情感，同时，这些行为能对幼儿起到榜样示范作用，感染幼儿的心灵。因此在家庭生活中，家长应该抓住每一个积极情感教育的契机，有意识地培养孩子的责任感、正义感、荣誉感，从一点一滴做起，身体力行地教育孩子讲究社会公德、家庭美德和职业道德。

2. 自然环境与社会环境是情感课程内容"活"的源泉

著名儿童教育家陈鹤琴说过："大自然、大社会都是我们的活教材。"作为具有学习性的游戏环境，大自然无疑是最丰富、最适合的。以大自然为教材，幼儿通过与大自然的直接接触来学习，他们的观察力自然而然会变得敏锐，他们的学习及探索动机也将源源不断。在广阔的大自然空间中进行积极情感教育，也是那么自然而然、水到渠成。例如，从十幼利用毗邻东湖公园之地理便利开展的自然远足活动中发展出来的自然采集、自然观察、自然写生，乃至主题探究活动"大树妈妈""多彩的叶子""各种各样的网"等课程内容，既是采用"情境教学"，让教育自然发生，又使幼儿之间良性互动频繁，幼儿乐于与别人分享他们的发现，彼此交换对大自然的认识，激发了幼儿之间良好的社交和情感学习以及更好的环境管理意识。

在选择教育内容时，我们也会充分考虑贴近幼儿生活、所处的社会环境，帮助幼儿获得便于直接感知、体验和理解的常识性知识与认知经验，设计有明确主题的情境，促使幼儿能更准确地认识自己及周围的生活环境，使教育既适应幼儿的生长，又适应社会的发展，还能考虑到地域性与时代性。

例如，在"深圳牛"的主题活动中，通过幼儿分享参观邓小平爷爷和深圳"拓荒牛"的青铜雕像的感受，观看"深圳改革开放四十年"的各种成果展览等，增强幼儿对深圳由一个小渔村向国际化大都市发展的认识，培养幼儿爱家乡、爱深圳的情感。

（三）国家纲领性文件的规范要求

积极的情绪情感是幼儿身心健康的重要标志之一，是学前教育中一个本源性的问题。我国颁布的新《幼儿园工作规程》（以下简称《规程》）《指南》《纲要》等纲领性文件为积极情感教育的内容提供了权威性的参考和指导。

《规程》指出："幼儿园的品德教育应当以积极情感教育和培养良好行为习惯为主。"《纲要》从健康领域的内容和要求方面指出"建立良好的师生、同伴关系，让幼儿在集体生活中感到温暖，心情愉快，形成安全感、信赖感"。从社会领域方面提出了"学习初步的人际交往技能""不轻易放弃克服困难的尝试""学习自律和尊重他人""激发幼儿爱家乡、爱祖国的情感"等具象要求。《指南》提到儿童早期学习标准，其中对儿童"身心状况""人际交往""社会适应"等方面，幼儿"知道什么"和"能做什么"形成的基本共识，并提供了具体的教育建议。这些都鲜明地体现了国家意志和先进理念，是积极情感教育目标"爱与认同、交往与适应、睿智与乐学"的基石和源泉，为积极情感教育的开展建立了可靠的内容体系，使教师能够有的放矢地开展积极情感教育教学活动。

案例：教育笔记

在情感体验中学习尊重他人

对照《3—6岁儿童学习与发展指南》社会领域的具体教育目标，我觉得在幼儿社会领域的学习与发展中，"体验与经历"是一种非常重要的学习方式，特别是情感态度类的学习，不是简单地"讲道理"就能奏效的，这就需要我们创设多种活动，促进幼儿对于某种情感态度的习得。例如，开展"大带小"活动，通过帮助弟弟妹妹做力所能及的事情，体验帮助他人的快乐；开展"关心残疾人"的活动，通过创设情境，让幼儿眼睛蒙上布条或四肢捆绑，来体验盲人和四肢不健全的人生活的不易，还可以观看残疾人参加残奥会比赛的视频，使幼儿感知残疾人的坚强、勇敢和自信，从而引导幼儿体验尊重他人、关爱他人的美好情感。

在上面的案例中，教师结合积极情感教育内容，采用了美国心理学家卡尔·罗杰斯的"非指导性教学"方式，强调"以儿童为中心"，注重"经验过程"而不是结果。通过教师精心设计的积极情感教育活动使幼儿情绪体验积累的方向更明确、更集中，情绪体验的印象更深刻，从而获得更好的积累效果，使幼儿的情感逐步趋向深化和稳定。

二、幼儿园积极情感教育课程的内容体系

（一）幼儿园积极情感教育课程的内容框架

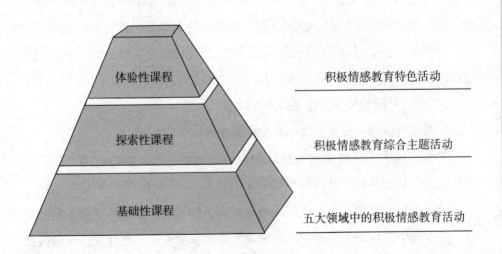

体验性课程　　　　积极情感教育特色活动

探索性课程　　　　积极情感教育综合主题活动

基础性课程　　　　五大领域中的积极情感教育活动

1. 基础性课程

基础性课程主要指五大领域中的积极情感教育活动。它围绕"情感"核心，将健康、语言、社会、科学、艺术不同领域的核心经验按照积极情感教育的目标进行整合，作为内部线索；同时，基于幼儿兴趣、生活经验确定具体的活动内容，作为外部线索，通过由外部线索牵引内部线索逐步推进，纵横编织积极情感教育基础性课程之网。

2. 探索性课程

探索性课程主要指积极情感教育综合主题活动。在积极情感教育科学理论的指导下，依据积极情感教育的具体目标要求，根据幼儿年龄特点和认知特点，围绕幼儿自己、家人、朋友、身处的社会环境、参与的文化生活等，将优秀的传统文化和积极情感教育有机融入幼儿园主题活动，经过实施、筛选、调整，不断充实园本化积极情感教育综合主题活动内容。

3. 体验性课程

体验性课程主要指积极情感教育特色活动。幼儿园尝试开放时间与空间，充分发挥园内外环境的教育功能，通过精心设计的节庆活动、人际交往活动、个性项目游戏活动、走进自然和社会实践活动等一系列实践体验活动，让幼儿体验自主探索、协同合作、彼此关爱、享受快乐的个性化成长方式。其活动内容根据幼儿的情感需求、园所的文化建设、时令与节庆、家长与社区的资源而不断生成和拓展。

（二）幼儿园积极情感教育的内容列举

1. 基础性课程：五大领域中的积极情感教育活动

五大领域中积极情感教育活动的内容比例并不是完全均衡的，相对倾向于健康与社会领域，其内容会更多元、更丰富。同时，我们更好地运用了语言活动中绘本教学这一载体，将绘本与五大领域的积极情感教育活动相结合，借助其中符合幼儿年龄发展需求和特点的相关作品，在促进各领域关键经验获得的同时，注重对幼儿情感的熏陶，唤起幼儿的情感共鸣，培养幼儿良好的情绪情感。

附：五大领域中的积极情感教育活动内容列举

领域 \ 年龄层次	小班	中班	大班
健康	1.爱叫好的大拇指 2.我不怕黑 3.打针、吃药我不怕 4.不和陌生人走 5.可爱的小脚丫 6.我的感觉系列——我好生气、我好难过、我觉得自己好棒	1.肠胃小闹钟 2.情绪变变变 3.小鬼当家 4.求助电话 5.运动中的小卫士 6.我的感觉系列——我好想你、我会关心别人、我好嫉妒、我害羞了	1.成长的记录 2.健康的身体 3.各种各样的便便 4.我的房间我做主 5.请你不要碰我 6.我从哪里来 7.心情播报
语言	1.点点爱去幼儿园（看图讲述） 2.抱抱（绘本故事） 3.一步一步，走啊走（绘本故事） 4.家（诗歌） 5.爱是一捧浓浓的蜂蜜（绘本故事） 6.轻轻（诗歌）	1.我的幸运一天（故事欣赏） 2.没有耳朵的兔子（绘本故事） 3.大树妈妈在唱歌（绘本故事） 4.当我害怕时（绘本故事） 5.猜猜我有多爱你（绘本故事） 6.爱，是什么呢（绘本故事） 7.好朋友（仿编故事）	1.团圆（绘本） 2.我的名字（谈话） 3.我们的城市（谈话） 4.爱（诗歌） 5.天生一对（绘本故事） 6.永远永远爱你（绘本故事） 7.跳跳羊（谈话） 8.山丘上的约会（绘本故事） 9.我的弟弟是超人（绘本故事） 10.毕业诗（诗歌）
社会	1.妈妈害怕，去上学（谈话） 2.爱哭的猫头鹰（绘本故事） 3.亲亲热热在一起（综合活动）	1.坚持到底的小蜗牛（看图讲述） 2.这边？那边？（绘本故事） 3.好喜欢妈妈（绘本故事）	1.友谊（综合活动） 2.我们的祖国真大（谈话） 3.我是值日生（谈话） 4.家里有个小怪物系列——孤独、勇敢、友情、亲情（绘本故事）

续 表

领域 \ 年龄层次	小班	中班	大班
社会	4.我喜欢自己（绘本故事） 5.我的爸爸（绘本故事） 6.小鱼遇到小鸟（绘本故事） 7.幸福的家（谈话）	4.幼儿园我能行（谈话） 5.梦是什么（绘本故事） 6.小树的四季（绘本故事） 7.他们需要关爱（谈话）	5.小宽，别放弃（绘本故事） 6.出发！成长魔法火车（绘本故事） 7.有个性的羊（绘本故事）
科学	1.饲养小蝌蚪（日常生活） 2.西红柿的甜蜜收获（日常生活） 3.大大的，小小的(绘本故事，认识大小) 4.一家人（绘本故事，配对） 5.谁（绘本故事，高低排序） 6.1，2，3，数星星（点数） 7.动物绝对不能穿衣服（动物特征）	1.饲养小金鱼、小乌龟（日常生活） 2.神奇的豆荚（日常生活） 3.我长高了（5个物体按高矮、大小或长短排序）（集体活动） 4.朋友来做客（正确判断7以内数量）（集体活动） 5.月亮狗（认识颜色与情绪） 6.过去人们是怎么数数的	1.我的小闹钟（认识时钟） 2.我的游戏计划（制订一周区域活动计划） 3.我的一天（认识时间） 4.蜘蛛和糖果店（统计） 5.我家有个大怪物（加减法） 6.爱思考的小小孩
艺术	音乐 1.我爱我的幼儿园（歌曲） 2.拉拉手（歌表演） 3.找朋友（音乐游戏） 4.摇篮曲（音乐欣赏） 5.欢乐舞（节奏活动） 6.小蜜蜂（音乐游戏）	音乐 1.新年好（歌曲） 2.我的好妈妈（歌表演） 3.三只猴子（节奏游戏） 4.捏面人（歌曲） 5.米格爷爷的鞋匠铺（节奏活动） 6.男孩女孩排排队（圆圈舞）	音乐 1.过大年（节奏活动） 2.含羞草（音乐欣赏） 3.毛毛虫的故事（节奏活动） 4.月姑娘（综合活动） 5.幸福拍手歌（节奏活动） 6.欢乐颂（音乐欣赏） 7.毕业歌（歌曲）

年龄层次 / 领域	小班	中班	大班
艺术	手工绘画 1.我的手印画（拓印） 2.我高兴、我伤心、我生气（手工） 3.可爱的我（绘画） 4.七色花（泥工） 5.送给妈妈的礼物（手工） 6.快乐颜色（涂鸦）	手工绘画 1.制作新年贺卡（手工） 2.一起做比萨（泥工） 3.漂亮妈妈（绘画） 4.快乐的我（手工） 5.黑暗中的艺术家（绘画） 6.我的漂流瓶（手工） 7.美丽星空（合作立体刷画）	手工绘画 1.中国年（手工） 2.我是值日生（连环画） 3.我的好朋友（绘画） 4.民间艺术——扎染（欣赏、手工） 5.我爱北京天安门（欣赏、绘画） 6.打败新冠病毒（想象画） 7.参观小学（绘画）

案例：五大领域中的积极情感教育活动

中班健康教学活动——"当我害怕时"

活动设计背景：中班幼儿的情绪情感越来越丰富，对情绪情感的自我控制能力也越来越强，这是中班幼儿的一个非常显著的心理特征。虽然中班幼儿情绪情感的调节能力已逐步加强，但是情绪仍有不稳定性和易冲动性，也容易受各种因素的影响而产生变化。最近班里就经常有小朋友跟我说自己晚上睡觉害怕，不敢一个人睡觉，总是和爸爸妈妈或者爷爷奶奶一起睡。我觉得这对孩子情感的发展有影响，也不容易培养孩子独立的性格，因此我选择了《当我害怕时》这个绘本故事。故事的主要内容是一只小兔子害怕这、害怕那，但是后来它明白害怕是一件很正常的事，于是它想出了对付害怕的好多方法。我希望通过这个绘本故事驱散孩子心中的黑暗和恐惧，让孩子尽量减少害怕的情绪，或者不再害怕。

教师在基于了解本班或该年龄段幼儿情绪特征的基础上选择适宜的情绪绘本作为健康领域教育教学活动开展的主要媒介。特别是对于一些较为复杂的情绪感受，如思念、害怕、难过、嫉妒、自信和同理心等，可以通过绘本故事中丰富而温暖的图像、简单而抚慰人心的文字，向幼儿描述每种情绪的由来、感觉以及处理方法，以此帮助幼儿了解与学习如何管理自己的情绪。

2. 探索性课程：积极情感教育综合主题活动

经过多年的实践与总结，我们积累了小、中、大班各年龄段一系列适合开展积极情感教育综合主题活动的参考主题。这些主题在实际开展过程中，可根据幼儿的兴趣与需要、时间与空间资源等进行分解或延展。

附：积极情感教育综合主题活动内容列举

学期	小班		中班		大班	
	主题内容	拓展主题	主题内容	拓展主题	主题内容	拓展主题
上学期	我上幼儿园	我的好朋友	我们的身体	独一无二的我身体里的秘密	家乡美	美丽深圳客家民俗潮汕风情
	能干的我	我的小手真能干我喜欢的……	我的社区	东湖公园宁水花园	大中国	了不起的中国人欢乐国庆节多彩的民间艺术畅游中国
下学期	我爱我家	亲亲一家人	青青世界	亲亲大树花与叶，种植乐大自然的动物朋友	亲亲地球	世界之窗有生命的地球
	我的情绪小秘密	—	各行各业	帮助我们的人	我长大了	我的诞生我的家族印记男孩与女孩

案例：积极情感教育综合主题活动

中班综合主题活动——"最棒的我"

主题由来：在"最棒的我"主题活动中，我们从多元的角度，让幼儿展现自己与众不同的特点。从观察自己的外貌、身体、情绪等和别人的不同之处开始，幼儿将建立与他人的友谊，并通过各种游戏，享受表达"我最棒"时的那份愉悦。

综合主题活动的形式是多元的。如"最棒的我"不但在教学活动中以观察自己的外貌、身体、情绪等和别人的不同之处为切入口，还引导幼儿通过游戏展示自己与众不同的特点，如娃娃家的游戏、点心店的游戏、理发店、建构区域、图书馆等，让孩子体会发自他们内心的"我才是最棒的"那份快乐。同时，结合日常生活活动，为幼儿提供多种操作、实践的机会，让幼儿真正意识到自己已经渐渐长大，是小班小朋友的哥哥姐姐了。例如，让幼儿轮流做值日生，分享值日生工作的感受，体验为他人服务、被人需要的快乐，让幼儿自己尝试插吸管、端饭菜，晨练时帮老师一起准备体育用具等，让幼儿既感受到自己在身体各方面的成长，又感受到自己在心智、能力等方面的提升，从而增进幼儿自我意识的发展。

3. 体验性课程：积极情感教育特色活动

积极情感教育特色活动内容包括四个模块："喜过节""促交往""亲自然""培养爱"。各大模块虽各有侧重点，但是彼此之间是紧密联系、相辅相成的，就像生物链一样，给幼儿带来丰富的、积极的情感体验。

附：积极情感教育特色活动内容列举

喜过节	促交往	亲自然	培养爱
1.春节大拜年	1.新学期大带小活动	1.自然远足	1.亲子洗脚
2.元宵节：灯会、团圆圆吃汤圆	2.亲亲一家人	2.自然采集	2.亲亲好妈妈
3.快乐植树节	3.黄昏活动	3.自然写生	3.爸爸，我有多爱你
4.国际劳动节：我有一双巧巧手	4.私物分享活动	4.参观菊展	4.亲子时装秀
5.端午节：包粽子	5.阳光早餐活动	5.认养古树	5.亲子美食汇
6.六一儿童节：欢乐游园会	6.全托体验日	6.我们要春游	6.赞美时刻
7.教师节：老师像妈妈	7.亲子卖报	7.参观东深展览馆	
8.国庆节：祖国妈妈，生日快乐		8.种植园地丰收了	
9.中秋月饼圆圆			
10.重阳节：我爱爷爷奶奶			
11.园庆的祝福			
12.迎新年运动会			
13.开学与散学典礼			
14.毕业典礼			
15.生日派对			
16.神奇马戏团			

案例：积极情感教育特色活动

"毕业典礼"后的教师反思

大班的毕业典礼是来源于孩子们真实生活的课程。幼儿园的毕业典礼是孩子们人生的第一个毕业典礼，是他们成长的见证。我们紧紧抓住毕业前这一宝贵的教育契机，以积极情感教育为线索开展活动，充分利用不同的教育资源引导幼儿体验即将入学的自豪之情和离别的伤感，感受友谊的珍贵。作为老师，我深深地体会到：要为幼儿营造美妙的情感氛围，老师不仅要带动幼儿用珍惜、感恩和爱的情感投入演出，让幼儿兴趣高涨，有集体荣誉感，也要让家长参与进来。只有有爱心的老师才会培养出有爱心的幼儿，给幼儿一个舞台，他会展示最好的自己。

整个毕业典礼过程中，幼儿、家长与老师的情感被牵动着，悄悄地被感动着、变化着。孩子们知道自己长大了，即将进入小学成为一名光荣的小学生，充分感受到离园的惜别之情，尤其在最后朗诵毕业献词、演唱毕业歌时，激发了孩子对幼儿园及老师的热爱之情，很多孩子情不自禁地哭了。

毕业典礼圆满地结束了，幼儿们也依依不舍地和三年里陪着自己生活、唱歌、游戏的老师们告别。当听到孩子们说："老师谢谢您！我会想您的。"家长说："老师您辛苦了！今天小朋友们和老师们表演得很好。""老师谢谢您这几年来对我家宝贝的教育！"我的眼睛湿润了，我回想起三年来工作的一点一滴，虽然很辛苦，但是很值得。

毕业典礼是大班幼儿展现自我的最佳平台。教师以平等的态度支持、鼓励、帮助每一位幼儿，让幼儿全方位地用自己喜欢的、富有个性的方式来参与和演绎属于自己的毕业典礼，并且传递给幼儿"毕业典礼是属于每个人的，每个人都要为自己的毕业感到骄傲"的情感。幼儿的成长离不开家长的付出、教师的指导、同伴的陪伴，借由毕业典礼这个契机，让幼儿学会珍惜和感恩，体会成长的含义，对于幼儿道德品质和积极情感的塑造无疑是具有推动作用的。

第五章

幼儿园积极情感教育课程的实施体系

第一节　幼儿园积极情感课程的实施范式

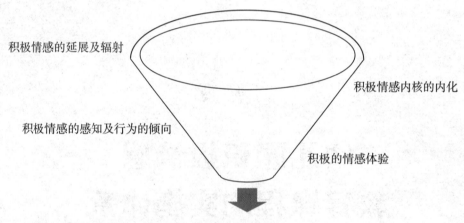

积极情感的延展及辐射

积极情感内核的内化

积极情感的感知及行为的倾向

积极的情感体验

积极情感课程的实施范式

（一）范式建构的逻辑起点——积极的情感体验

个体从更大程度上获得积极情绪体验的研究，本质上是关于"情绪效益最大化"的研究，幼儿阶段是心理培养的敏感期，也是从思维上升至行为模式培养的重要阶段，这个阶段的幼儿具有较强的可塑性，对幼儿积极情感的养成具有重要的意义。幼儿通过教师借助环境渲染、互动指导、活动渗透等方式获得积极的情感体验，这种体验会诱发幼儿相应的积极情感和再次体验的欲望，在潜移默化中促使幼儿提高对积极情感的感知力。

（二）幼儿对积极情感的感知及行为的倾向

教师有目的地通过环境创设、活动设计、主题情境等方式使幼儿进行积极的情感体验，通过激活交感神经系统以及与其相关的思维活动和认知的功能，影响着幼儿对于积极情感的感知及行为的倾向。在体验积极情感的过程中，幼儿扩展了在积极情感情境中的认知能力和行为操作系统，建构着良好的个人心理、行为资源库（如增强对积极情感内部维度的认知、心理等），把积极情感作为生活的需要和内容，并以稳定的行为进行表征，提高主观幸福感。

（三）幼儿对积极情感内核的内化

幼儿对于积极情感的感知及行为表征最终的上升方式是进入其意识层面，形成终身建构积极情感的意识和习惯。一旦幼儿形成了主动建构积极情感的意识，其已构建的意识会形成可长期储存并可供后期提取使用，成为改善幼儿将来某些行为的重要资源。并且，这种主动建构的意识会有规律、有针对性、有组织地进行符合幼儿积极情感内核的行为，淡化教师在幼儿积极情感建构中的作用，突出幼儿的主观能动性，真正做到将其内化于心，并指导其外显于行。

（四）积极情感的延展及辐射

幼儿在有了意识层的积极情感建构能力的同时，也在逐步建构其持久的身体、智力、心理和社会等与积极情感相关的个人资源，而这种建构功能是建立在积极情感意识比较深层的基础上的，这样，幼儿的积极情感不仅可以扩展至其注意、认知、行动等范围，还可以起到辐射带动作用，影响甚至改变幼儿对个体、他人、社会等的态度、认知以及行为模式，促使幼儿更积极地参与积极情感的建设，进而获得更加积极的情感体验，最终呈现螺旋式上升的趋势，并打破时间和空间的界限向幼儿的其他行为模块等方面迁移，渗透至幼儿的思想和其他行为模块。

第二节　幼儿园积极情感
教育课程的实施载体

一、幼儿园积极情感教育视野下的环境创设

（一）幼儿园积极情感教育视野下环境创设的意义

环境被誉为"无声的老师"，它不是一个简单的空间，而是一个重要的教育要素。幼儿的发展是以自身为主体与周围环境相互作用的过程，环境是影响幼儿发展必不可少的因素。《纲要》中明确指出："环境是重要的教育资源，应通过环境的创设和利用，有效地促进幼儿的发展。"《纲要》中所说的环境是指幼儿园的条件活动赖以进行的一切条件的总和，既包括人的要素，又包括物的要素。物的要素即物质环境，主要指园区和班级的布置、装饰，活动区的创设和材料的使用。良好的园区环境和班级环境的内容与氛围，对幼儿的行为和情绪情感起到引导与暗示的作用，如关心、友好、相互帮助的主题墙布置能引导幼儿产生积极的社会性行为，相应地减少幼儿的不稳定情绪和攻击性行为。人的要素即精神环境，主要指幼儿园的园所文化和班级氛围，包括教师的教育理念、师幼关系、生生关系、师师关系、家园关系等。精神环境作为一种隐性因素，直接影响着幼儿的情绪情感、个性和社会性发展。

班级中，一个巨大的毛绒大熊很快成为孩子的注意中心并成为班级里的一员。孩子坐在它腿上，假装喂它食物，它永远不会厌倦这些来自孩子的关注和喜爱。还有一些孩子在认真地听着App里播放的、他们已耳熟能详的故事。一个孩子在津津有味地阅读一本没有文字的图书。另外几个女孩子在讨论妈妈的项链可以怎么做。一些孩子在聊天、在笑，还有一些孩子在争论。处处看到孩子可以接触的物品：图书、积木、可拆装模型、棋类、服装、各种玩偶、镜子、小摇椅等。

相信这样的情境会让每一个热爱幼儿的人感动：幼儿在有准备的、材料丰富的环境中积极地活动，汲取发展的营养。庄稼生长在土壤中，农民把庄稼需要的各种养料精心地加于土壤里期待着收获；幼儿成长在环境里，教师将自己对教育的理想、信念与期望播种在环境中，幼儿与教师共同精心地营建环境，主体在这个过程中的相互作用也成为环境因素，幼儿从环境中获取营养，不断发展。

因此，幼儿园应关注和思考文化、课程、环境的兼容并蓄、融合统一；关注幼儿的心理和情感需求，为幼儿创设一个平等、合理的情感支持系统，为幼儿创设健康、安全、和谐、充满关爱的成长环境；关注幼儿的心理和情感需求，以幼儿的身心发展需要和兴趣为指导，为幼儿创设一个平等、合理的情感支持系统。有意识地让幼儿参与到自己所处的环境中，重视幼儿自主性的表达，使幼儿在幼儿园也能感受到家庭般的温馨、温情的气氛，产生安全感、信赖感，从而满足他们的情感需求，使幼儿与环境中的各种刺激物交互，引导幼儿感知自我、感知他人、感知大自然等，让环境与幼儿的情感相连接，让轻快的心灵悦动在和美的校园中，润物细无声地促进园所、师幼的和谐发展。

例如，中班开展"我爱深圳"的主题活动。

活动名称	我爱深圳	活动地点	班级教室
活动目标	1.能运用调查、采访等方法，了解深圳的风景名胜和自然资源，感受深圳的创新与美丽，进而更加热爱深圳并为之自豪。 2.通过绘画、刮蜡画、粘贴、图片、谈话记录等形式创设环境和区角建设，分享幼儿对深圳的感受，使幼儿对自己生活的城市有更多了解。 3.激发幼儿热爱自己的居住环境和向往美好生活的积极情绪		
活动过程	1.发动幼儿和家长一起在家庭、社会生活的各个领域中收集与深圳有关的图片、照片、书籍、磁带、影碟、事物等，使幼儿在参与活动时更多地了解和感受深圳之美。 2.和幼儿交流对深圳的印象，并记录幼儿有趣的分享。 3.幼儿跟随爸爸妈妈走进大自然，游览深圳的一处地理风光，给最美的景点画一幅画。 4.主题谈话：谈谈"我住的小区""我的交通出行"。 5.引领幼儿用艺术表征的形式表现深圳的标志性建筑物，如地王大厦、赛格大厦及深圳便利的地铁等。 6.活动成果展示：幼儿介绍自己的画和收集的深圳的照片，展示幼儿的绘画作品、谈话记录以及深圳的特产		

（二）幼儿园积极情感教育视野下环境创设的策略

幼儿园应将幼儿视为环境的主人，根据幼儿的身心发展特点、年龄、兴趣以及情感需求的独特性，进行个性化环境创设。倡导幼儿主体的动态环境，创设多层次具有选择性和自由度的环境，把环境的游戏性和教育性结合在一起，寓教于乐，让每位幼儿都能在主动积极的相互作用中获得发展；营造接纳幼儿差异的包容环境，重视幼儿心理安慰的需要，保持幼儿之间、师生之间的情感互动，缓解幼儿不良情绪，为其健康成长创造条件；创设家氛围的社会环境，强化环境色彩的搭配协调，在环境中体现幼儿相关的生活情感经验，使幼儿在幼儿园也能感受到家庭般温馨、温情的气氛，通过创设共享区域来促进幼儿的交流合作，促进其社会性发展；探索弘扬优秀传统文化的本土环境，充分体现本地区优秀的文化审美观念和精神品质，增强幼儿对传统文化的感知能力和认同感。其主要策略有以下几点。

1. 创设温馨如家的幼儿园整体环境

创设温馨多样的户外心情驿站。充分利用幼儿园的每一个角落，创设舒服、有趣而丰富的休闲区，让幼儿的身心在多样的户外心情驿站得到放松，随时可以与教师、同伴一起交流和游戏。

休闲区小桌椅、私密帐篷——幼儿与环境互动的载体

绿色长廊——体现环境的开放性与动态性

创设户外情绪宣泄区和敲打区。巧妙利用幼儿园的僻静之处或一面墙，设置沙袋、充气棒、废旧锅、盖子、鼓等，幼儿通过打击充气棒、拳击沙袋、敲打锅，不良情绪得到有效缓解和释放，满足幼儿情感宣泄的需要，减

少心理障碍和问题行为。

拳击沙袋

创设户外角色区。可设置小厨房，摆放真实的锅碗瓢盆、废旧的煤气炉、小餐桌，添加绿植、花草等，营造接纳、关爱、安全、温馨如家的角色区，满足幼儿角色扮演和情感依恋的需求。

户外角色区

2. 创设多元化的合作交往区域

空间连接着幼儿。它给予幼儿关于玩什么和到哪里玩的信息，让他们明了各种情况。幼儿可以感觉到空间的可变性和不变性。在儿童教育环境中，空间不断地去适应幼儿兴趣和需要，适应教师的创造性影响以及适应各种紧急需要。

（1）平行班牵手合作，创建共享区域。即同年级相邻两班牵手合作，打破空间，创设"共享区域"，根据各自班级的特点创设特色区角，以满足两班幼儿区域活动的需要。"共"指的是地域空间上的共同拥有，凸显的是空间策略；"享"则是时间、材料、计划、经验及区域与区域之间的共同分享。在各自活动室安排不同内容的活动材料，或者是每个班安排不同特色的活动区，有利于各种教育资源的有机整合和相互渗透，为幼儿提供多层次、多侧面的学习平台。教师则留在班级里观察指导所有来本班玩的幼儿。这种形式增加了平行班的教师、幼儿之间的相互交往和联系，有助于幼儿交往能力、解决问题能力的培养，拓宽了个人游戏的空间，提高了幼儿活动的自主性和积极性。

共享棋区

共享沙水区

共享表演区

共享游艺区

共享阅读区

（2）跨年级牵手合作，创设混龄共享区域。打破年级局限，开展混龄区域活动，营造便于幼儿交往的共享性环境，即部分低结构材料较多的区域共享，如美工、积木、角色（美食妙妙屋）、木偶剧场、私密角等区域，使得各活动室和区域都可以为幼儿所用，让幼儿用自己喜爱的方式去自主活动、自主体验。这种大带小、小学大的开放性活动环境的创设，有助于弥补独生子女缺乏与不同年龄儿童交往机会的短板，帮助他们学习社会交往的技能。不同年龄阶段的幼儿在一起活动，他们之间既有同龄之间的互惠关系，又有不同年龄之间的互补关系，为幼儿的交往提供了富有变化的环境基础，可以使幼儿多层面地体验人际关系、多层面地了解自己的角色，形成自我意识、自我概念，进而形成责任感、荣誉感和集体意识。

共享角色区

美食妙妙屋

共享木偶剧场　　　　　　　　　　　　共享私密角

3. 创设生活化的班级环境

（1）打造班级生活化的环境氛围。教师还应关注幼儿的年龄特点及特殊幼儿的需求，打造生活化、家庭化、个性化的环境氛围。如让幼儿把自己熟悉的全家福照片、自己喜爱的公仔玩具带到幼儿园，使幼儿随时能触摸各种可爱漂亮的家庭中、生活中真实的物品，时刻能看到自己爸爸妈妈的照片，能与喜欢的玩具相伴，同其中的内容和形象形成有效交流与"互动"，促使环境设置从单纯的装饰物变为具有真正教育意义和能够"互动"的教室环境的组成部分，形成温馨如家的环境氛围，让幼儿仿佛置身于自己熟悉的家中。

幼儿个案：

轩轩是新小班的一名幼儿，也是一个特别缺乏安全感的孩子。他的情绪变换如天气，来得快去得也快，每天早晨来园都要大哭一场，哭喊着要回家，睡觉一定要人陪伴，不陪伴就会一直哭闹，不仅影响自己，也影响别人休息。

老师期望通过环境这位"隐形老师"逐渐影响他。让孩子们带全家福照片，为他们提供各种装饰材料，通过亲子活动——家长和孩子一起装饰相框，把全家福照片镶嵌进去，创设"我爱我家""相亲相爱一家人"的环境主题墙，让轩轩随时可以看到爸爸妈妈的照片，并通过照片与小朋友分享自己和家人在一起的小故事，从而使轩轩紧张焦虑的情绪得到舒缓。

"我爱我家"主题墙

"相亲相爱一家人"主题墙

经过两个月的实践，有了显著的成效，现在的轩轩变化可大了。他在建构区里，能与同伴共同搭建各种建筑物，体验一起合作带来的快乐与成功感；能开心地来上幼儿园，愿意与小朋友一起游戏，与老师建立了亲密关系，自理能力也提高了，逐渐形成了良好的生活与学习习惯。

（2）创设反映家庭生活的角色游戏区域。温馨柔软的环境总是给人以安全、舒适的感觉。淡粉色的小沙发、温馨的小桌布、材料丰富的"娃娃家""餐厅"，从家具装潢中体现家庭式的摆设和氛围，让幼儿从角色区环境中感受到家庭生活的氛围，在角色游戏中积累家庭生活经验，体会家庭成员承担的社会责任以及付出的辛勤劳动。

娃娃家

餐厅

（3）创设私密空间。活动空间的大小应当符合幼儿的多种活动需要，既有适用于全班集体性活动的大空间，又有能让几个幼儿一起活动的小组空间，还有能让个别幼儿单独活动的小而安静的私密空间。私密空间在满足幼儿独处需要和情感需要上是相当重要的。如半封闭式的隔断、动物造型的落地灯、迷你可爱的小沙发、柔软的毛绒玩具、适合幼儿阅读的图书等，供幼儿安静独处、个别交流和自主阅读，使幼儿在较为隐蔽的小空间中获得安全感，建构独立性和对自我的认知。

家庭式书吧

私密空间

4. 创设多样化的积极情感教育专题环境

（1）主题环境的创设。区角环境创设是教师和幼儿共同走进教育主题，在主题活动中共同发现美、表现美、创造美的过程。

例如，大班的"我要上小学"主题环境。

大班小朋友经过三年的幼儿园生活，对老师、对同伴、对幼儿园都有着深深的感情，有很多感恩、感谢的心里话想诉说。如在语言区的"心与心愿"板块，孩子们自己张贴绘制的海报"我，毕业了！""我的好朋友""再见幼儿园"等，在建构区搭建"我心中的小学"等。

主题海报

我心中的小学

区角材料的投放、墙面展示的内容都随着教育主题的不断深入而发生变化，如小学校服、深圳各个学校建筑的照片展等。这些环境和材料与幼儿进行有效互动，既丰富了他们的生活经验，培养了他们积极的生活态度，激发了他们对小学生活的无限向往，同时教育幼儿感恩并珍惜陪伴他们三年的老师和同伴，从而潜移默化地促进幼儿情感的发展。

（2）节庆环境的创设。每一个节日都有文化背景、风俗习惯和各种民俗故事，本身即是极好的积极情感教育内容。我们结合节日环境创设，让幼儿体验到生活中的美好情感，从而萌发幼儿对大自然、社会，对生活中人、事、物的热爱之情。在节日活动中，教师要善于挖掘与节日相关的积极情感教育内容。

如中秋节的节庆活动。

教师给大班幼儿讲述"嫦娥奔月"的神话故事，帮助幼儿了解中秋节习俗的由来，鼓励幼儿绘制"嫦娥奔月"的连环画；在生活区为幼儿提供DIY月饼的材料；在美工区为幼儿提供各种彩纸、小棒等，让幼儿设计、装饰各式灯笼，作为吊饰进行节日环境布置。通过幼儿对环境的参与和互动，创设

了月圆人团圆的情感环境氛围，激发了幼儿对中秋节优秀传统文化的体验与
向往。

DIY黏土月饼

设计各式灯笼

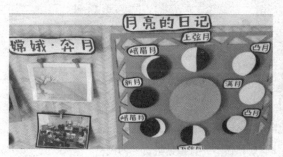

观察月亮自制连环画

5. 合理运用色彩与材料，培养幼儿亲近自然的情感

（1）色彩的选择。班级环境的色调时时刻刻占据着幼儿的视野，对幼儿的行为、思维、审美情趣等各方面都有着不可忽视的影响。色调过于强烈杂乱会导致幼儿视觉混淆，引起烦躁等不良情绪。自然原木色清新自然，属于低饱和度色彩，大面积使用能够营造一种温馨安静的氛围，能带给幼儿情绪上的舒缓和安定。因此，环境创设时可采用整体协调、局部活跃的方式，展现环境的一致性。

班级内部环境

米色和原木色为整体色彩格调——打造贴近自然的风格

　　例如，以米色和原木色为整体色彩格调，色彩温馨柔和，并能与不同的颜色搭配。黄色吊顶、浅绿色圆圈灯饰作为点缀，简洁不占空间，容易清洁。部分墙面用原木色做柜子，结合休闲软座椅以便收纳物品和供幼儿休息，过道浅绿色墙裙可以做成软包以保护幼儿安全。原木色木地板和彩色地垫相结合，可根据不同的区域投放不同形状和颜色的地垫，既能减少噪声，保护幼儿安全，又有利于区域划分，同时还能增添色彩，不会感觉过于单调。带有自然气息可自由拼搭的原木色桌子，让幼儿有更贴近自然、回归自然的感觉。

　　（2）自然材料的运用。《纲要》指出："亲近自然，通过观察周围的自然现象，表达对自己熟悉事物的现象与看法。"大自然是引导幼儿成长的天然活教材。大自然中有很多奇妙的事物是引发幼儿好奇心、使幼儿成长的"好老师"。只有让幼儿亲身体验，在环境中认识自然、感受自然、欣赏自然美，让幼儿感受到生命的多样性和差异性，引导幼儿理解和探寻生命的意义与奥妙，引起幼儿强烈的情绪体验和丰富的联想，才能使他们真正热爱自然，亲近自然。

　　引导幼儿探寻和收集自然材料，培养幼儿的环保意识；运用大自然的天然材料（树枝、陶罐、藤竹、石头、绿植等），结合室内绿化，营造具有自然、简朴风格的班级环境。

运用大自然的天然材料

我们在班级自然角里摆放了很多家长和孩子带来的花草，如太阳花、月季花、富贵竹等；孩子们种植的大蒜、土豆在泥土的滋养下都发芽了，为班级环境增添了新的生机与活力。

班级自然角

案例：月季花没有了

又到值日生给植物浇水的时候。突然，文文跑来说："林老师，我们班开得最漂亮的月季花没有了。"我和几个小朋友都来到自然角。果然，月季花被掐得只剩下光秃秃的花枝了。我和孩子们都很纳闷："这是怎么回事？"

班级自然角

豆豆跑来说："林老师，涛涛今天来过自然角。"涛涛噘着嘴，眼泪巴巴，很不情愿地掏出口袋里的月季花。看到涛涛委屈的样子，我蹲下来把他搂在怀里。他"哇"的一声哭了，对我说："林老师，对不起，是我把花掐光了。我今天不开心，妈妈出差了，要好久才回来，我想妈妈才这样做的。"

听完孩子的述说，我搂着涛涛说："哦，原来是这样！我知道你的想法了。你知道错并能勇于承认错误，我要给你点赞。"接着，我带涛涛和几个小朋友到图书角，一起翻阅《植物生长的秘密》。通过这本百科全书，孩子们知道植物也是有生命的，也需要我们对它们精心呵护，按时浇水才能长得茂盛，动植物是人类的好朋友，我们要关心、爱护它们。最后，我对涛涛说："你想妈妈我理解，你可以和妈妈经常视频，讲讲幼儿园的开心事，妈妈会更高兴。"涛涛的脸上露出笑容，高兴地说："明天我从家里再带一盆月季花来……"

安慰涛涛

阅读《植物生长的秘密》

由此可见，自然角不仅仅是一种环境教育，更是一种生命教育，体现了人与自然的互动，使孩子们体验到生命成长的不易，要珍惜劳动成果、爱护身边的花草树木，并将自己的好奇、喜欢、思念、对美的向往等情感寄托其中，将其作为积极情感教育实践的重要载体。

（三）幼儿园积极情感教育视野下学习环境创设的指引体系

幼儿园积极情感教育视野下学习环境创设的指引体系			
模块	目标	具体指标	细则
幼儿园环境	爱与认同	1.为幼儿创设温馨的环境，让幼儿有家的感觉。 2.幼儿喜欢幼儿园环境，有安全感、归属感。 3.幼儿能够了解和感知自己的情绪，并学会理解他人，富有同情心。 4.幼儿能够准确地表达和疏导自己的情绪	1.建立角色区、私密角，为幼儿创设安静独立的自我空间。 2.教师关心、尊重、爱护幼儿，蹲下身与幼儿沟通交流，用绘本、故事引导幼儿与同伴友好相处，感受家的温暖，幼儿有归属感、安全感。 3.提供舒缓的音乐、创造色彩柔和的环境，让幼儿心情舒缓
		1.让幼儿学做环境小主人。 2.帮助幼儿促进独立性发展。 3.鼓励幼儿做力所能及的事情	1.鼓励幼儿积极参与环境创设，搭建私密角、娃娃家、心情吧等个性化区角。 2.用幼儿和家人的照片创设家氛围的环境。 3.提供材料，并教会幼儿如何使用材料，建立相应的日常规范
	交往与适应	1.幼儿能够与环境进行积极互动和交流。 2.幼儿能在区域活动中与材料、玩具进行互动和与同伴分享	1.教师引导幼儿分享绘本、区域材料。 2.教师明确分享规则，树立幼儿的榜样意识
		1.幼儿能够与同伴、教师商量、讨论，共同完成一件事情。 2.幼儿能够与同伴友好协商以及分享材料。 3.幼儿能够与教师、同伴主动沟通，积极与环境互动	1.教师介绍新材料的玩法，更换不适宜的旧材料。 2.鼓励幼儿与同伴之间进行积极互动和协商。 3.教师用绘画、观察、记录评价、分析等方式与幼儿进行互动学习。 4.创设可操作性、可探索的墙饰，丰富幼儿的情感认识
		1.幼儿在与环境材料的互动中，能积极探索，克服困难。 2.幼儿能够发起活动或出主意、想办法	1.教师为幼儿创设问题情境并提供材料。 2.教师和同伴的榜样示范作用

续 表

模块	目标	具体指标	细则
幼儿园环境	交往与适应	1.幼儿关心、爱护大自然，知道动植物是人类的好朋友。 2.幼儿关注社会中的新闻热点，了解人们在生活中的相互关心与帮助	1.教师引导幼儿给自然角的植物浇水，给小动物喂食。 2.教师引导幼儿关注社会新闻，开展"我是小主持"的新闻播报
		1.幼儿有意识地规范自己的行为和思想。 2.教师选择有针对性的节日主题活动，让幼儿充分感知、体验家人及各行各业的辛苦。 3.幼儿学会欣赏和尊重他人的环境创设成果	1.教师的情境示范和同伴的榜样示范作用。 2.教师及时鼓励和肯定，强化幼儿的礼貌行为。 3.幼儿适当参与照顾植物角的劳动（值日生），体验人们的辛苦
	睿智与乐学	1.教师捕捉幼儿感兴趣的事物，开展培养幼儿专注力的主题活动。 2.教师通过营造安静、简洁的物质环境，使幼儿的专注力得到发展	1.教师通过晨谈，引导幼儿安排学习计划。 2.教师引导幼儿合理安排时间。 3.教师通过引导、榜样、规则，培养幼儿的专注力和不怕困难的品质
		1.幼儿在教师的鼓励下，遇到困难能积极克服，并完成自己的事情。 2.幼儿能勇于挑战自己	1.家园合作，鼓励幼儿积极克服困难。 2.教师通过故事、绘本、榜样等方式进行培养
		1.教师充分创造和利用幼儿园环境，激发幼儿好奇好问的品质。 2.教师鼓励幼儿关注幼儿园公共环境和班级环境的变化	1.教师创设区域环境，提供丰富的材料，供幼儿进行实验和操作。 2.幼儿观察照顾动植物角，对事物的自然发展规律保持好奇心

表头：幼儿园积极情感教育视野下学习环境创设的指引体系

二、幼儿园积极情感教育视野下一日生活的组织与安排

（一）一日生活中积极情感教育的重要意义

幼儿园一日生活主要包括入园（离园）、自由游戏、教育活动、生活

活动和户外活动，每一个活动都能丰富幼儿的情感体验。因此，教师应为幼儿创造一个自由、宽松、接纳、关爱和支持的交往环境，合理有序地安排好一日生活的各个环节，将健康生活态度和良好行为习惯的培养，贯穿幼儿一日生活中，渗透在各种日常游戏、活动中，引导幼儿在一日生活中积极与教师、同伴交往，学习互助、合作和分享，体验与教师、同伴交往的乐趣，从而帮助幼儿正确认识自己、教师和同伴，养成对他人亲近、合作的态度，建立良好的师生和同伴关系，提高幼儿的社会交往与适应能力，增强其自信心和成就感。

早上在进行户外活动时，孩子们都是分批去挑选体育器械的，在挑选的过程中，子鑫小朋友因为奔跑太快，把涵涵撞到了。涵涵很生气，但是子鑫很快地跑开了。涵涵是一个不肯吃亏的孩子，当其他小朋友不小心或者无意间撞到她的时候，她都会说别人打她，而当她不小心碰到或者撞到别人，自己理亏时又不愿意承认。

但是，早上出现的事情尽收老师的眼底。因此老师通过榜样示范法、情绪迁移法、情境练习法、对比分析法等方法，让涵涵知道怎样才能很好地与其他同伴快乐相处，并帮助她提高口语表达的技巧。涵涵现在变得越来越谦让、随和，小朋友们都愿意跟她一起玩。孩子们在一起互帮互助、共同进步。

（二）幼儿一日生活中的积极情感教育策略

1. 丰富幼儿的情感体验，促进幼儿个性健康发展

幼儿正处于一个体验成长阶段，积极的情感需求是幼儿个性健康发展的需要。幼儿经历事物少，情感体验少，需要积极的情感引导与教育。例如，入园和离园时，教师通过微笑、拥抱、鼓励等肢体动作和言语表情，让幼儿感受到幼儿园的温暖，从而以愉快的情感开始和结束幼儿园一天的生活；自由游戏时，教师为幼儿提供主动探索和学习的机会，有助于增强幼儿的自信心，让其体验自由、自主的快乐；教学活动时，教师为幼儿提供与同伴交流、合作、分享的机会，让幼儿体验分享的乐趣；合理有序的生活活动，能帮助幼儿建立良好的生活秩序，增强幼儿自我意识的形成，增强其自信心，获得成就感。但幼儿的个性发展水平存在着差异，教师在一日生活中要耐心细致地观察、倾听、分析、了解幼儿的内心世界，接受并满足他们的合理需求，引导幼儿自觉学习如何恰如其分地表达自己的情绪，并教他们学会用理智去控制情绪的方法，逐步形成对自己、他人以及周围事物的正确态度，逐渐形成正确的自我评价，促进其个性健康发展。

开学一段时间来，老师发现溪溪动作总是慢吞吞的，缓慢喝水，缓慢吃饭，排队出去外面玩也是最后一个，绘画和手工作品也总是完不成。老师常常把"溪溪，动作快一点"挂在嘴边，可是溪溪依然我行我素。溪溪动作缓慢的主要原因是不够专注、不够自信和父母的包办代替。老师首先引导溪溪学会做计划，陪他一起做他感兴趣的事情，并通过具体的事让溪溪体验动作慢带来的后果。通过一段时间耐心的引导和与家人密切沟通，现在的溪溪不管是在幼儿园还是在家，都会把事情做得又快又好。

2. 充分利用游戏活动进行积极情感教育

幼儿园以游戏为基本活动，在游戏中幼儿不仅能获得愉悦、经验积累、巩固知识，同时还能在游戏中获得同伴间的友谊和爱。通过游戏可以增强幼儿的自信心，帮助幼儿构建良好的人际关系，丰富与深化幼儿的情感体验。幼儿园的游戏有很多种类，包括角色游戏、户外体育游戏、各种区域游戏等，其中我们常常把游戏分为创造性游戏和规则游戏，在这些游戏中，幼儿能充分发挥他们的想象力和创造力，体验愉快、成就，获得自信。在幼儿园的游戏中，角色游戏是幼儿最喜爱的游戏，在角色游戏中幼儿可以模仿成人的活动，在游戏中扮演爸爸妈妈、爷爷奶奶等，通过扮演这些角色来体验爸爸妈妈、爷爷奶奶平时的生活，体验家人之间的相处，体会家庭的温暖和爱，在多种角色体验的过程中锻炼移情、共情等情感认知，有利于形成稳定的情感发展模式。在有规则游戏中，幼儿能够学习契约精神，同时在游戏中往往会遇到一些困难，通过游戏幼儿能够互相帮助，共同解决困难，体验同伴间的爱，从而提高幼儿的交往能力，促进幼儿间的友好相处。在户外体育游戏中，我们还注重让幼儿练习玩各种民间游戏，让幼儿体会老一辈的智慧，学习民间游戏，将民间游戏传承下去，激发幼儿爱家乡、爱民族、爱祖国的情感。

此外，各类游戏还可以促进幼儿合作能力和技巧的提升，对于发展幼儿积极向上的情感具有不可小觑的作用。

3. 利用日常教学活动进行积极情感教育

随着时代的发展，当今社会越来越重视素质教育，如情商，也是一种积极情感控制能力的指数，指的是"信心""乐观""直觉"等一些情绪反应的程度。因此，想要促进积极情感的发展，首先必须学会甚至提高自我情绪的控制能力。在幼儿园活动中，教师设计的活动不仅要有知识与技能方面的目标，还要在活动中让幼儿达成一定的积极情感目标，从而促使幼儿全面发展。而幼儿园中的社会领域活动尤其注重情感方面的教育。绘本是幼儿认识世界的最好载体。绘本中所传递的诚实、勇敢、宽容、自信等品质，都可以润物无声地影响幼儿，陶冶情操。在一日生活中，教师要有选择地利用绘本，充分发挥绘本阅读的积极情感教育功效，借助绘本中的情感宣泄和表达，引导幼儿学会表达情感的技巧。

以绘本《妈妈摘的葡萄》为例，来讲讲在社会活动中幼儿爱的情感的培养。在这一活动中，教师以绘本故事"妈妈摘的葡萄"为线索，通过和幼儿一起观看画面，从看看、说说中引导幼儿理解故事中的爱，通过一系列的提问，幼儿深刻地了解到狐狸妈妈宁愿牺牲自己换取狐狸宝宝生命安全的伟大母爱，并迁移幼儿的经验，让幼儿说说妈妈为什么会担心自己，妈妈为自己做了哪些感动的事情，明白妈妈的这些举动背后的原因都源于对自己的爱。

活动不仅能让孩子们了解所有妈妈对孩子的爱，更能激发孩子们爱妈妈的情感，让他们勇于对朋友、家人表达自己的爱，懂得发现别人的爱，并能积极回应。

4. 幼儿日常生活中的积极情感教育

幼儿园的生活活动主要是指幼儿在园的进餐、饮水、睡眠、盥洗等活动，在这些活动中处处可以体现积极情感的教育，幼儿园日常生活中隐藏着诸多的教育契机。教师应能敏锐地捕捉并进行引导，使幼儿在循环往复的引导中掌握基本的情感处理方法。例如，两名幼儿排队时不小心用手碰到了对方的脸，其中一名幼儿出现了消极情绪，这时教师就要发挥教育机智，引导幼儿正确看待问题，化解可能产生的情感冲突。日常活动中，问题的随机性和突发性更考验教师的应变能力，需要教师及时调整思维。

（三）一日生活中生活活动的积极情感教育指标细则

一日生活中生活活动的积极情感教育指标细则				
模块	细项	目标	指标	细则
生活活动	入园	爱与认同	1.能够知道自己入园的心情。 2.能表达出自己的情绪。 3.能调整自己的心情	1.按照情绪的状态自主放置心情牌。 2.引导幼儿主动表达自己的情绪。 3.拥抱、交谈、安抚幼儿的情绪
			1.认识自己的物品（杯子、毛巾、座位）、同伴、教师、班级位置等。 2.会应答教师的交流，简单表达需求。 3.分清男孩、女孩。 4.能将物品归位。 5.有"我长大了"的自豪感。 6.愿意表达自己的情绪。 7.能初步评价自己的长处和不足	1.幼儿与标识（照片）。 2.热情接待幼儿入园、挂名字牌、拥抱、微笑。 3.评选礼貌大使

续 表

一日生活中生活活动的积极情感教育指标细则				
模块	细项	目标	指标	细则
生活活动	入园	爱与认同	1.参加升旗仪式并感到高兴。 2.体验当护旗手的骄傲，喜欢唱国歌。 3.愿意参加晨会表演。 4.能清晰地知道自己是中国人及居住的城市和小区。 5.愿意与不同文化背景的小朋友交往	1.升旗仪式。 2.晨会活动。 3.主题、游戏。 4.晨谈
		交往与适应	1.愿意分享玩具、食物、图书、心情。 2.对大家都喜欢的东西乐意轮流分享。 3.愿意把自己喜欢的东西进行分享	1.引导幼儿愿意分享绘本、游戏、区域、主题。 2.教师的引导，幼儿间的交流
			1.在教师的引导下，学会当值日生。 2.会协商解决简单的冲突	1.教会幼儿照顾植物角，挂毛巾、放杯子、摆器械。 2.教师的引导，幼儿间的交流
			1.师幼互动（依赖、信任）。 2.幼幼互动（愿意、主动）。 3.愿意与教师、同伴参与游戏活动。 4.能主动与教师、同伴打招呼。 5.能够主动参与他人的游戏以及吸引同伴参与自己发起的游戏	1.通过拥抱、谈话、参与游戏的方式与幼儿建立联系。 2.根据幼儿的兴趣和需要及时提供帮助。 3.教师日常示范。 4.区域提供合作互动材料。 5.创设互动情境
			1.主动提出需求，向教师求助。 2.尝试与同伴协商解决问题。 3.会协商解决简单的冲突。 4.尝试与同伴协商制定游戏规则	1.教师抱抱、安慰幼儿，语言安抚。 2.通过绘本、玩具、游戏渗透情感教育。 3.通过角色扮演，引导幼儿正确表达想法和需求。 4.引导幼儿协商解决问题。 5.游戏、区域

续　表

| \multicolumn{6}{c}{一日生活中生活活动的积极情感教育指标细则} |
模块	细项	目标	指标	细则
生活活动	入园	交往与适应	1.喜欢表达对他人的喜爱之情。 2.主动向他人问好。 3.主动关心他人并给予力所能及的帮助	1.教师的示范。 2.教会幼儿通过角色扮演学习如何表达感恩和礼貌用语。 3.通过绘本、主题活动进行情感教育
			1.愿意安抚同伴。 2.愿意观察动植物、喜欢动植物、照顾动植物。 3.喜欢家人、教师、同伴。 4.乐意分享所见所闻。 5.知道自己是中国人、深圳人。 6.有民族自豪感	1.设置动植物角。 2.晨谈及分享活动。 3.升旗仪式。 4.爱国主义教育主题。 5.宣传片。 6.节日活动
			1.学会使用礼貌用语。 2.愿意主动与他人打招呼。 3.愿意回应他人的问候。 4.不争抢玩具，会等候。 5.有规则意识。 6.学会倾听。 7.会协商，有规则意识	1.教师示范入园问候，引导幼儿跟父母告别。 2.阅读绘本、游戏。 3.日常教育、谈话、主题活动、师幼互动和家园配合
		睿智与乐学	1.愿意在教师的引导下参加晨间活动。 2.积极参加晨练活动。 3.能持续学习一项体育技能。	1.设置棋区。 2.投放迷宫、拼图的材料。 3.教师的激励和示范。 4.创设有趣的体育游戏情境
			1.能按时入园，并愿意参加晨练。 2.愿意自己背书包高兴地入园，自己走路入园。 3.在教师的鼓励下，能在长期的、复杂的项目上坚持体育锻炼	1.家园合作，引导家长按时送幼儿入园。 2.通过故事引导幼儿自己走路上幼儿园、背书包。 3.设计有趣的体育游戏

续 表

一日生活中生活活动的积极情感教育指标细则				
模块	细项	目标	指标	细则
生活活动	入园	睿智与乐学	1.对周围的事物感兴趣。 2.喜欢探索	1.教师及时捕捉幼儿感兴趣的事物，引导幼儿探究。 2.通过参观、散步、观察记录，鼓励幼儿去关注周围的事物。 3.主题、谈话、分享。 4.动植物角、区域
	晨谈	爱与认同	1.能简单地表达自己的基本情绪（高兴、生气）。 2.在成人的安抚下，能逐渐稳定及舒缓情绪。 3.能用简单的语言说出情绪及产生的原因。 4.尝试控制自己的情绪，愿意与亲近的人分享自己的情绪	1.心情牌。 2.教师的肢体动作、语言、面部表情等。 3.走线。 4.同伴之间相互鼓励、帮助
			1.认识自己的姓名，知道自己的年龄。 2.在教师的引导下，逐渐了解自己的性别。 3.基本了解自己身体各部位的名称。 4.学会保护自己的隐私部位。 5.能用简单的语言表达自己的爱好。 6.知道男女性别特征。 7.知道自己的兴趣爱好。 8.知道自己的优缺点，并能简单地评价他人。 9.会表达自己的需求并学会等待	1.图片、游戏、谈话、动漫、视频，教师的语言引导，故事的形式。 2.分男女如厕。 3.综合主题活动
			1.能认识自己、班级教师及同伴。 2.喜欢上幼儿园。 3.知道班级位置。 4.了解自己生活的城市与小区。 5.了解深圳的一些地标性建筑。	1.收集照片、图片、故事、游戏。 2.开展主题活动。 3.关于节日的手工作品（家园合作）。

续 表

一日生活中生活活动的积极情感教育指标细则				
模块	细项	目标	指标	细则
生活活动	晨谈	爱与认同	6.知道自己的国家、民族、城市以及所在城市的地标性建筑。 7.了解家乡的语言及习俗。 8.了解我国的传统节日	4.收集国家、深圳和家乡有关的图片与资料
		交往与适应	1.在教师的引导与鼓励下,愿意在集体面前表述自己的想法。 2.分享自己的心情。 3.愿意在集体面前主动分享自己的情绪	1.手指偶、绘本、谈话、游戏等形式。 2.分享作品
			1.在教师的引导下,会选择自己的区域。 2.逐步了解区域名称、材料和规则。 3.学会等待和倾听,轮流发言。 4.学会通过讨论学习分工	1.通过游戏、故事等形式,培养幼儿的规则意识。 2.手指游戏、传声游戏、悄悄话等游戏。 3.让幼儿说出愿意和谁合作。 4.鼓励、引导幼儿选择同伴。 5.引导幼儿与同伴共同完成一件事情
			1.在教师的引导、沟通下,学习选择区域。 2.能够主动邀请同伴共同做一件事。 3.幼儿能够运用语言和同伴解决问题(区域计划)	1.教师的引导、沟通。 2.鼓励幼儿大胆说出自己的想法。 3.鼓励幼儿通过讨论进行分工合作
			1.能简单回应教师的问题。 2.愿意和同伴尝试探索新材料。 3.能主动加入讨论	1.教师通过简单的问题与幼儿互动。 2.鼓励幼儿说出自己的玩法。 3.教师创设讨论机会和氛围。 4.能在众人面前主动分享新玩法。 5.主动参与新材料的玩法讨论

续 表

一日生活中生活活动的积极情感教育指标细则				
模块	细项	目标	指标	细则
生活活动	晨谈	交往与适应	1.学会向教师求助。 2.学习提出简单的需求。 3.学习与同伴协商解决问题。 4.能向教师提出自己的想法和问题。 5.能够发起活动或出主意、想办法	1.教师善于发现幼儿的需求并鼓励幼儿表达。 2.创设问题情境，引导幼儿讨论解决方法。 3.鼓励幼儿提出问题，引发讨论
			1.爱家人、爱教师。 2.通过主题谈话，引发幼儿爱深圳的情感。 3.通过节庆活动，引发幼儿爱国、爱家、爱教师、爱同伴的情感	1.通过节庆活动（三八妇女节、父亲节、母亲节）等，引发幼儿的感恩之心。 2.开展主题谈话
			1.在教师的引导下，能对生病、未到的幼儿表示同情。 2.在教师的引导下，学习关心动植物。 3.能注意到同伴的情绪，并有关心、体贴的表现。 4.能关注到他人的情绪并给予力所能及的帮助。 5.能关注到动植物的变化并记录下来	1.通过点名活动，发现缺勤幼儿。 2.晨谈分享心情。 3.与幼儿共读绘本。 4.开展主题活动
			能倾听他人讲话，并有礼貌地与人交谈	1.点名游戏"你说我听"。 2.游戏"猜猜我是谁"。 3.作品分享
			1.在成人的提醒下，能回应他人的问题。 2.会用礼貌的方式表达自己的想法和需求。 3.会使用礼貌用语。 4.尊重为大家提供服务的人。 5.接纳、尊重与自己有不同想法的人	1.成人的情境示范。 2.学习使用简单的礼貌用语（你好、谢谢、再见）。 3.能使用日常礼貌用语（谢谢、对不起、没关系、再见）

续 表

模块	细项	目标	指标	细则
生活活动	晨谈	睿智与乐学	1.对谈话内容有兴趣。 2.对感兴趣的话题始终参与。 3.能围绕话题进行晨谈	1.用"对答法""激励法""暗示法"引发幼儿的注意。 2.教师以肢体语言和丰富的表情培养幼儿注意力
			1.勇于尝试挑战新材料。 2.能探索新材料的玩法。 3.坚持自己的想法	1.通过有趣的材料吸引幼儿。 2.提供有一定难度的操作材料
			1.对晨谈内容感兴趣。 2.喜欢提问。 3.通过询问他人获得问题答案。 4.初步学会思考问题和收集信息,能积极提出问题并尝试寻找可能的答案。 5.善于发现、思考问题,收集信息	1.教师善于发现和保护幼儿的好奇心。 2.提供让幼儿感兴趣的话题和操作材料
	餐点(餐后私物分享)	爱与认同	1.能情绪稳定地进餐。 2.经常保持愉快的情绪	1.播放舒缓的音乐或儿歌。 2.教师根据幼儿的个体差异适量分餐
			1.知道自己喜欢的食物。 2.学习独立进餐。 3.能够主动提出加减餐的意愿。 4.知道自己过敏的食物,尽量做到不剩饭、不挑食,会根据自己的需求加减餐	通过榜样、故事、成人的鼓励等,家园配合,共同培养幼儿良好的进餐习惯
			尊重并接纳不同民族的饮食习惯	介绍食谱、餐具
		交往与适应	1.愿意和同伴分享玩具。 2.在教师的指导下,知道食物名称。 3.教师介绍食谱,鼓励幼儿不挑食。 4.烹饪活动	引导幼儿餐后和同伴一起分享玩具

续 表

模块	细项	目标	指标	细则
生活活动	餐点（餐后私物分享）	交往与适应	1.会把餐具放到指定的位置。 2.在教师的指导下有序取餐。 3.在教师的鼓励下说出自己的需求。 4.鼓励幼儿出现状况及时告诉教师。 5.知道粮食是他人的劳动成果，不浪费。 6.爱护花草和小动物。 7.能安静进餐，不影响他人。 8.学习进餐良好习惯	1.安排值日生。 2.进餐常规培养。 3.关注和引导幼儿。 4.使用鼓励的语言。 5.安抚幼儿的情绪。 6.帮助幼儿解决问题。 7.讲故事。 8.食谱介绍。 9.参观厨房
		睿智与乐学	在教师的引导下安静进餐，吃光自己的食物	1.进餐常规培养。 2.榜样
	离园活动	爱与认同	1.情绪稳定，能高高兴兴地与教师、同伴说再见。 2.情绪愉悦，在教师的引导下，能与同伴和教师分享自己的心情（开心与不开心）	1.离园前衣物整理，与幼儿拥抱、微笑、亲切的语言。 2.离园前的整理与回顾活动，回顾自己一天中的活动
			1.知道自己的衣物、书包，并在教师的帮助下学习整理。 2.能收拾整理自己的物品。 3.能主动把玩具分类收拾好，并把自己的书包整理收拾好	1.在日常生活中能够注意培养幼儿根据标识整理与摆放好自己的玩具。 2.培养幼儿收拾好衣服、毛巾等私人物品的能力
			1.知道自己与别人的异同，明白自己是独一无二的。 2.喜欢自己、教师、同伴和幼儿园	1.开展主题活动。 2.日常情感交流教育和培养
		交往与适应	1.能在教师的引导下，简单说出自己的心情。 2.在教师的引导下，愿意主动分享自己的心情和想法	离园回顾活动

一日生活中生活活动的积极情感教育指标细则

续 表

模块	细项	目标	指标	细则
生活活动	离园活动	交往与适应	1.会向教师寻求帮助。 2.在教师的鼓励下，愿意帮助同伴整理物品	1.表扬愿意帮助他人的孩子，鼓励幼儿主动求助同伴和教师。 2.值日生安排
			1.能在教师的引导下说出自己的想法。 2.在教师的鼓励下，愿意和同伴及教师围绕一个话题进行讨论。 3.能和同伴相互帮助整理收拾物品	1.教师通过具体活动事件对幼儿进行提醒、示范，抓住教育契机。 2.鼓励幼儿对一日活动中出现的问题、冲突能够自发地进行讨论，解决问题。 3.教师可以做好榜样示范，引导幼儿相互关注、互相帮忙整理物品，表达关心
			1.愿意主动与教师和同伴说"再见"。 2.在教师的鼓励下，愿意表达自己对同伴和教师的喜爱	1.教师的鼓励、示范，同伴的榜样、拥抱，表达自己的喜爱。 2.教师日常的教育和培养
			1.愉快地离园。 2.愿意与同伴和教师分享自己的不愉快或问题。 3.同伴之间相互安慰和帮助	1.教师的观察、引导、鼓励。 2.与家长沟通交流出现的问题。 3.个别幼儿个别引导
			1.愿意向同伴和教师表达自己的喜爱之情。 2.能主动表达对同伴和教师的喜爱	1.教师的语言或肢体动作。 2.律动、儿歌
			1.在教师的引导下，说出自己的喜好。 2.愿意关心尊重同伴、教师和其他人。 3.愿意观察、关注并照顾动植物	1.在放学期间鼓励幼儿主动与教师说再见、拥抱，教师及时回应。 2.鼓励幼儿承担值日生的工作，主动关心并照顾他人和动植物等

一日生活中生活活动的积极情感教育指标细则

075

续 表

模块	细项	目标	指标	细则
生活活动	离园活动	交往与适应	1.愿意关心尊重同伴、教师和其他人。 2.在成人的鼓励下，乐意提供力所能及的帮助。 3.能主动关心、尊重教师、同伴和其他人，产生帮助他人的意愿	离园前的回顾与整理活动
			1.会主动使用礼貌用语。 2.愿意主动与他人打招呼，愿意回应他人的问候。 3.愿意改正自己不礼貌的行为	1.绘本。 2.教师的引导和鼓励。 3.在一日生活中就某些不礼貌的行为进行讨论。 4.儿歌、律动、故事
		睿智与乐学	1.能安静倾听教师与同伴的分享。 2.愿意通过努力，学习照顾自己的技能	榜样的作用和教师的引导、鼓励

表头：一日生活中生活活动的积极情感教育指标细则

生活活动案例：老师，我要上厕所

一、过程描述

午睡前，小朋友们都去上厕所然后午睡。当所有小朋友都安静地午睡时，"老师，我要小便。"小茹小声说道，教师赶紧让小茹去小便。过了半小时，小茹又叫着要小便。教师问小茹："真的需要上厕所吗？"小茹坚持说有。小茹在厕所待了一会儿，还是没有小便就回去了。半小时后，这种情况又发生了。

二、案例分析

像小茹这样的情况在幼儿园是经常发生的。很多幼儿会经常多次要求上厕所，但其实没有尿。幼儿的这种行为常常让教师搞不清是真的还是假的。其实，发生这样的事情，一方面是孩子生理方面的问题，如尿频、尿急等，孩子小便时间间隔很短；另一方面是孩子的心理问题，孩子怕尿裤子被教师责骂，会有紧张情绪，也有的孩子则是因为期望离开位子自由走动一下。

三、指导策略

（1）分散孩子想尿尿的注意力，准备睡前安抚小故事。

（2）注意孩子是否睡前喝水太多，睡前多安抚、多关注。

（3）孩子有尿意但是尿不出，有些是生理上的问题，要及时联系家长带孩子去医院就诊。

（4）关注孩子心理层面，孩子胆子小，教师应该鼓励孩子自己小便，并注意与孩子保持安全距离，不要站在孩子的后面给孩子造成压力。

主题活动案例：不愿合作制作手工

一、过程描述

小朋友在手工区制作"平安大厦"。铭铭负责剪纸，豆豆负责粘贴，可是小美没有一起参与合作。教师问："小美，你为什么不和小朋友一起合作呢？"小美说："我不想跟他们一起做，我想一个人制作。"教师说："独自一个人很难完成，大家一起合作更简单。"

二、问题分析

小美是一个独立性很强但交往与适应能力较弱的孩子，自己能独立完成很多事情。每当开展小组活动时，小美都想自己完成。她没有感受到分工合作的重要性，并且小美很多时候都会以自我为中心，不懂得如何在交往中和小朋友友好协商。

三、指导策略

（1）与小美沟通，了解孩子内心的想法。

（2）提高小美交往的技能，引导小美在遇到困难时向同伴寻求帮助。

（3）培养小美的合作意识，让小美产生合作的欲望，使她有合作的需要。例如，可以设计一些小美喜爱的但必须在合作下才能完成的活动，帮助

小美认识到合作的重要性。

四、问题解决后

在区域活动中，小美主动地和同伴沟通怎么搭建，并且能接受别人的意见，和小朋友合作得非常好。教师竖起大拇指，对她点点头。小美开心地笑了。

（四）幼儿园积极情感教育一日生活中户外活动的指标细则

幼儿园积极情感教育一日生活中户外活动的指标细则					
模块	细项	目标	班级	指标	细则
户外活动	晨练（孩子自由选择体育器械）	爱与认同	小班	愿意参加晨练活动	1.通过设置故事情境，幼儿根据故事情节进行晨练活动。 2.通过教师的带领和示范、表扬和鼓励，幼儿愿意参加晨练活动。 3.提供丰富多样的适合小班幼儿使用的体育器械
			中班	1.喜欢参加晨练活动。 2.愿意探究器械的多种玩法。 3.能够在教师的帮助下，调整自己的情绪进入下一个环节	1.教师和家长坚持每天开展丰富多样的晨练运动，练习走、跑、跳、攀、爬等，鼓励幼儿坚持下来，不怕累。 2.提供丰富多样的适合中班幼儿使用的体育器械。 3.教师引导幼儿尝试一种器械的多种玩法
			大班	1.能积极参加体育锻炼。 2.在教师的安抚下，能够尽快调整自己的情绪进入晨练活动	1.教师和家长坚持每天开展丰富多样的晨练运动，练习走、跑、跳、攀、爬等，鼓励幼儿坚持下来，不怕累。 2.教师精神饱满地带领孩子进行晨练，感染孩子的情绪，带动孩子也积极参加晨练。 3.提供丰富多样的适合大班幼儿使用的体育器械

续表

				幼儿园积极情感教育一日生活中户外活动的指标细则	
模块	细项	目标	班级	指标	细则
户外活动	晨练（孩子自由选择体育器械）	交往与适应	小班	在教师的引导下，愿意分享体育器械	1.通过教师与幼儿的互动游戏，让幼儿体验分享体育器械和同伴一起玩的乐趣。 2.教师鼓励那些愿意分享体育器械的幼儿
			中班	1.愿意和同伴轮流玩体育器械。 2.愿意和同伴一起晨练。 3.在教师的引导下，愿意向同伴展示自己的新技能	1.及时表扬和鼓励主动分享体育器械的幼儿。 2.教师创设游戏情境，激发幼儿与同伴一起参与锻炼的兴趣。 3.鼓励幼儿展示自己的新技能，体验分享的乐趣
			大班	1.愿意向教师和同伴分享成功的经验。 2.能和同伴一起使用器械	1.教师鼓励幼儿向同伴展示自己的新技能。 2.通过团体游戏项目，培养幼儿乐于分享的品质
		睿智与乐学	小班	1.喜欢并乐意参与体育游戏。 2.在教师的鼓励下，能坚持完成体育游戏	1.准备有趣的、符合幼儿年龄特征的游戏活动，如小猴摘桃、猫捉老鼠等。 2.用丰富的语言和肢体动作给予幼儿鼓励
			中班	1.喜欢并乐意参与体育游戏。 2.能坚持学习并掌握一项体育技能的方法	1.准备有趣的、符合幼儿年龄特征的游戏活动。教师用言语鼓励和丰富的肢体动作引导。 2.注重榜样的作用，提高幼儿的运动热情以及持久性
			大班	1.愿意持久且专注地去完成体能训练。 2.能安静倾听教师和同伴的分享	1.准备有趣的、符合幼儿年龄特征的游戏活动。教师用言语鼓励和丰富的肢体动作引导。 2.运用榜样的力量，提高幼儿的运动热情。 3.开展情境性游戏和竞赛性游戏，培养幼儿的专注力

户外活动案例：户外自主活动中和小朋友之间的冲突

一、过程描述

户外游戏的时间又到了，孩子们特别兴奋。教师刚交代完注意安全，孩子们就冲向了玩具器材。多数孩子都迅速果断地选择了小三轮车。可是小三轮车的数量不够，涵涵和子鑫互相争夺一辆小三轮车，两人互不相让。力气大点的涵涵一把将子鑫推到了地上，夺下了那辆小三轮车。子鑫又气又急，哭了起来。

二、问题分析

在游戏中，面对材料不足、器械数量不足，难以分配时，个别幼儿会有独占、凌弱、争抢的不良行为。孩子还不能清晰地表达自己的意愿和想法，只会简单粗暴地"抢"。

三、指导策略

（1）教师及时安抚子鑫的情绪，抱抱孩子，缓解其愤怒、委屈、受伤的心情。

（2）通过移情法，引导涵涵和子鑫相互道歉与相互谅解。

（3）通过谈话活动，引导涵涵和子鑫理解：争抢是毫无意义的，只能耽误时间，造成不愉快，可以采用轮流的方法解决问题。

（4）教师引导幼儿掌握说话、表述的技巧，让幼儿学会与他人协商，如合作玩、交换玩、轮流玩等。

四、问题解决后

涵涵和子鑫一起玩三轮车，互帮互助，十分开心，还想出了新的两人一起玩小三轮车的方法——一个当司机，一个当乘客。

三、幼儿园积极情感教育视野下的师幼互动

（一）幼儿园积极情感教育视野下师幼互动的意义

师幼互动是指在幼儿园中教师与幼儿之间发生的相互作用、相互影响的人际交往过程。它贯穿于一日生活各个环节之中，是幼儿园各项教育目标得以实现的重要保证，是促进幼儿全面发展的关键因素，也是教师内在的教育观念、教育能力和外显的教育手段、教育行为相结合的综合表现。

《纲要》指出："关注幼儿在活动中的表现和反应，敏感地觉察幼儿的需要，及时以适当的方式应答，形成合作探究式的师幼互动。""建立良好的师生、同伴关系，让幼儿在集体生活中感到温暖，心情愉快，形成安全感、信任感。"在构建师幼互动的关系中，情感是非常重要的组成部分，是促进师幼互动的重要因素。

高质量的师幼互动能够满足幼儿的情感需求。教师细心的观察，耐心的倾听，及时的关注、回应和抚慰，能满足幼儿喜欢倾诉的心理需求，营造轻松自在的师幼互动氛围，与幼儿建立起情感支持系统。此外，良好的师幼关系对儿童情绪能力和交往能力的发展起到积极作用。教师的积极情绪、言行举止应成为幼儿学习的良好榜样，对幼儿之间的交往起到积极的示范作用，有效促进幼儿建立良好的同伴关系，养成自尊、自爱、不怕困难、乐于探索、敢于大胆表达自己想法的良好品质。

许老师看见圈圈背着书包向班级走来，许老师说："圈圈，早上好，你今天来得真早。"圈圈说："许老师早上好。"许老师说："你穿了新鞋，红色、蓝色和白色相间，真好看，看上去特别酷！"圈圈说："这是外婆送给我的，你看踩下去还会亮的。"许老师："哇，真神奇。待会儿可以跟你的好朋友分享。"圈圈说："我想先给米粒看看……"

在这段对话中，圈圈感受到自己正被教师关注着、喜爱着。因此他和教师之间是相互信任的，可以轻松表达自己的想法，他十分愿意和教师互动。

（二）幼儿园积极情感教育视野下师幼互动的策略

师幼互动贯穿于幼儿园一日活动中。情感互动是师幼互动的基础和灵魂，对幼儿情感适应、行为发展、社会性观念形成有着积极的促进作用。

1. 营造轻松愉快、尊重接纳的互动氛围

（1）建立温暖亲密的师幼关系。爱是幼儿健康成长的最基本前提和保证，是联结教师和幼儿情感的纽带，是建构积极师幼互动关系的核心。幼儿走向社会的第一步就是上幼儿园，这是幼儿人生中的一次重大转折。因此，建立良好师幼关系的第一步就是帮助幼儿适应不断变化的环境，消除分离焦虑，拉近教师与幼儿之间的情感距离。教师用和蔼可亲的态度，和声细语地与幼儿说话，并用抚摸和拥抱让幼儿有安全感，从而让幼儿能从情感上接纳教师，把教师当作陌生环境中可信赖的保护者，为良好师幼关系的形成奠定坚实的情感基础。

（2）创设轻松愉快、尊重接纳的心理环境。教师只有真心对待每一位幼儿，努力为幼儿营造轻松、平等、自由、尊重和接纳的心理环境，关注幼儿感兴趣的问题，支持和肯定幼儿的探索、发现与表达，才能让幼儿和教师产生积极有效的互动。如果幼儿一直处于情绪紧张的氛围之中，就无法自由表达自己的想法，更谈不上互动了。

2. 及时调整角色定位，促进有效的师幼互动

教师的角色定位在师幼互动中起着非常重要的作用，在有效的师幼互动中，师幼双方都是互动的主体，互为互动的发起者和接收者。因此，教师应善于调整自己的角色身份，以便适时适宜地对幼儿的活动进行引导和支持，发挥幼儿的主体地位。

（1）倾听幼儿的情绪表达。积极倾听是促进幼儿情绪控制能力发展的重要策略，能够帮助教师理解幼儿用语言表达的和非语言表达的情绪，并将自己的理解反馈给孩子。教师要用积极主动的倾听方式鼓励儿童说，捕捉幼儿情绪变化，理解和分享他们的想法与情感，对幼儿进行情感支持，注意对幼儿发起的交往行为做出及时、适宜的反应，并给予幼儿表达的机会，鼓励幼儿积极表达。

（2）支持幼儿的游戏。关注和感兴趣是一种发自内心的情感与态度，当教师真正关注幼儿和幼儿的活动时，就会有意识地观察、了解幼儿的需要和愿望、幼儿的情绪情感状态及幼儿感兴趣的活动与话题，就能够做到不仅身体在场，而且心理上贴近幼儿，参与到幼儿正在进行的活动中去。教师对于幼儿及幼儿活动的关注和兴趣通过一系列的外在表现（手势、面部表情、语言等）自然而然地流露，并为幼儿所感受，为积极的师幼关系的建立奠定良好的情感基础。

区域活动中，乐乐在玩拼图，拼了一小半，又想去玩旁边小朋友的材料。教师走过去说："这拼图是谁拼的，拼得真好看。"乐乐回过身说："是我拼的。"教师立刻给他竖起一个大拇指，说："我想和你一起玩拼图可以吗？你愿意教我吗？"乐乐："当然可以。"教师和乐乐一起拼图。完成后，教师肯定乐乐说："你玩拼图真厉害，拼得又认真又仔细！你可以挑战难一点的拼图吗？"乐乐说："没问题，肯定可以。"慢慢地，乐乐在教师的关注和陪伴下没有以前那么爱走神了，能够坚持完成游戏。

（3）观察分析幼儿。教师在日常活动中应时刻关注幼儿，观察幼儿的情绪和行为，通过幼儿的情绪和行为表现，分析幼儿的年龄特点和个性差异，思考如何与幼儿进行有效互动以及为幼儿的学习提供支持。多元的教师角色，才能让教师面对不同幼儿和不同情况时，和幼儿进行多元互动。

小三班的来来正在阅读区，他把图书从书架上取下来，一本一本摞起来。邵老师在一旁看了一会儿，走上前轻声对他说："来来，看看你拿的这些书，我想知道你想要看哪本？"来来继续摞书，然后从这堆书里拿了两本书——《飞天大面包》和《了不起的面包怪》。邵老师说："你选这两本书看吗？"来来说："这两本书都有面包。"邵老师说："是的，这两本书看起来香喷喷的，应该很有趣。你愿意和我一起看这两本书吗？"来来点点头，拿着书走向沙发。邵老师指了指摞在地上的书说："这些书放在这里好像有点挡路了，你愿意和我一起把它们送回书架吗？"来来把要看的两本书放在沙发上，和邵老师一起把地上的书放回原位，然后拉着邵老师在沙发上坐下，开始读那两本书。

3. 适时参与互动，提供有效支持

（1）挖掘符合幼儿情感状态的教育内容。在学习活动中，对幼儿进行情感支持，帮助儿童形成积极、良好的情感体验尤为重要，尤其对于刚刚入园的小班幼儿更要注意。只有选择适合幼儿情感发展特点的内容，与幼儿在情感上产生共鸣，教师才能和幼儿产生良好的师幼互动，逐渐形成良好的师幼关系。

（2）注重情感体验式的教学方法。让幼儿去参与各种可能激发他们自身情感的活动，让他们亲身去体验，让幼儿在情景中感受并表达情感，这是积极情感教育的重要方法。因此，教师在制定教育教学目标时，应该遵循这一原则，在各类学习活动中注重创设情境，引导幼儿表达自己的情感体验，如角色扮演、情景对话等。

晨谈活动，师幼讨论的主题是"我要上小学了"。端端说："小学有很多好玩的东西。"乐乐说："因为我长大了……"嘟嘟说："我不想上小学。"教师问："为什么不想呢？"嘟嘟说："我觉得幼儿园更好玩，并且我在这里有很多好朋友。"教师抱了抱他说："谢谢你跟大家分享你的想法。"

嘟嘟是个情感丰富的孩子，平时和小朋友及教师的互动较多，所以感情非常深厚，当大家谈论"我要上小学了"话题时，很多幼儿说了离别的感受、新的环境、新的朋友、新的教师，让嘟嘟觉得不舍，不能接受分离。

教师把嘟嘟的想法与家长进行了沟通，让爸爸妈妈带嘟嘟去看看小学，或者让她和邻居家的小学生聊聊，帮助嘟嘟了解小学生的生活和学习，以做好上小学的心理准备。

然后，班级开展了主题活动"我要上小学了"。通过参观小学、模拟小学课堂、邀请小学生和小学教师与小朋友互动等活动，让幼儿了解小学生活是多样性的，激发幼儿对小学的向往和成长的自豪感。

当开展分享活动"你心中的小学"时，嘟嘟主动分享了她对小学的所见所闻以及她心目中的小学模样。

（3）关注同伴间的情感交往。良好的同伴关系可以在班级中营造温暖的、积极的环境，能引发儿童更多的、积极的交往动机和行为，对幼儿社会性发展具有积极的促进作用。因此，教师应该做到为幼儿同伴交往与合作创造条件，鼓励、指导、帮助幼儿用适当方式和同伴交往，重点指导幼儿形成合理的人际交往方式，鼓励、引导幼儿学会倾听并尊重同伴意见，鼓励幼儿关心、帮助同伴。

美工区的美琪和奕峰在搓汤圆，思如在做小蛋糕，家明在捏一只小猪。家明捏好小猪后，兴奋地叫起来："看，像不像一只小猪？"美琪点点头说："真的很像，就是脖子有点短。""好像是，那我再加长一点。"家明说。思如说："我想捏一只可爱的小熊。"不一会儿，桌上又多了几只彩泥小动物，可全是趴着的，站不起来。思如说："可能是小熊身体太大了，我再把小熊腿做粗一点，应该就可以站起来了。"家明说："我的恐龙太重了吗？小鸭腿也太细了！"于是美琪和家明对小动物进行修改，小熊、恐龙和小鸭的腿加粗了，有的小动物的头或身子捏小了。终于，那几只原本"趴着休息"的小动物站了起来。

孩子们经常会从同伴的游戏中找到自己感兴趣的事情，然后自发地加入游戏，相互模仿、相互学习，在与同伴的互动中，获得有益的经验，为自己的学习提供支持，体验交往的乐趣。

（4）接纳幼儿的消极情绪。当幼儿情绪不佳、犯错误或有着与教师不同的观点和想法时，教师应引导幼儿表达自己的感受，允许和鼓励幼儿说出自己的理由与见解。师幼之间情感的交流和观点的碰撞最有利于增进彼此的理解，从而有助于建立和谐的师幼关系。

区域活动开始了，孩子们都选择了自己的区域。等睿睿准备去积木区的时候发现里面已经人满了，就直接把多多的进区卡拿下来扔在了地上。多多跟睿睿发生了争执，睿睿哭了起来，发脾气把进区卡丢到了地上。

周老师走过去抱住了睿睿，轻轻地拍着他的背，轻声说："睿睿很想去积木区玩是吧？所以你现在很生气。"等睿睿稍微平复了情绪，周老师说："现在你愿意跟我说说吗？"睿睿点点头，跟着周老师走到一边坐下来……

幼儿的情绪控制都是通过后天培养的，采用正确的方式引导幼儿表达情绪是非常重要的。当幼儿无法控制自己不良情绪的时候，教师应该首先认可幼儿的情绪，通过肢体语言和温和的态度让幼儿放松下来，然后沟通，用自己的语言和行动为幼儿表达情绪做示范。平时可以通过情绪方面的故事与幼儿分享，引导幼儿通过对故事内容的讨论，延伸到日常的生活中遇到这样的问题应该怎么去处理，如何更好地表达自己的想法和情绪。

（三）幼儿园积极情感教育视野下师幼互动的指引体系

幼儿园积极情感教育视野下师幼互动的指引体系			
模块	目标	具体指标	细则
师幼互动	爱与认同	1.了解人的基本情绪。如高兴、伤心、生气、害怕…… 2.能向教师表达自己的情绪。 3.在教师的安抚下，能调整自己的情绪	1.班级设置心情牌。 2.教师及时关注幼儿情绪变化，并加以引导。 3.引导幼儿正确表达自己的情绪感受
		认识班级的所有教师，并愿意跟教师交流，表达需求	教师以温和的态度、热情的拥抱，正向地肯定和鼓励，积极地回应幼儿
		1.喜欢传统故事和神话传说。 2.喜欢参加传统游戏	1.开展主题活动和节庆活动。 2.在阅读区投放相关图示，引导幼儿阅读。 3.根据传统游戏设计有趣的游戏活动

续 表

幼儿园积极情感教育视野下师幼互动的指引体系			
模块	目标	具体指标	细则
师幼互动	交往与适应	1.愿意跟教师分享自己的心情。 2.愿意向教师表达自己的想法	1.通过主题谈话、个别谈话、绘本分享等活动与幼儿沟通。 2.通过微笑、问候、主动拥抱幼儿,让幼儿建立信任和安全感
		愿意帮助教师做力所能及的事情	引导幼儿学习做值日生工作
		1.遇到困难,愿意向教师求助。 2.愿意向教师提出异议,并说出原因	1.教师鼓励、支持幼儿提出自己的想法。 2.引导幼儿主动跟教师讨论问题
		1.能主动和教师打招呼。 2.能主动向教师讲述所见所闻。 3.愿意和教师一起参与各类活动	1.教师主动打招呼、拥抱、微笑。 2.创设有趣的环境,吸引幼儿主动参与活动。 3.通过各项有趣的活动,吸引幼儿积极参与互动。如互动游戏活动、晨谈活动、情景表演等
		1.能在教师帮助下,尝试自己解决活动中遇到的问题。 2.能在教师组织的活动中积极发表自己的想法和建议	1.教师通过开放性提问,启发幼儿思考、商量、冲突,直到问题解决。 2.教师根据幼儿在活动中的表现和出现的问题,及时调整环境、材料及互动策略,以满足幼儿发展的需要
	睿智与乐学	1.能认真听教师把话说完。 2.能和教师就一个问题展开讨论,直到获得解决办法。 3.能与教师一起持续观察、探究一种现象和物体	1.进行情景扮演。 2.教师创设情境、材料不断引发幼儿讨论,为解决问题想办法。 3.设计动植物观察表、记录表或者统计表等
		1.遇到问题,愿意和教师一起想办法解决。 2.能与教师一起持续观察、探究一种现象和物体	1.教师创设情境、材料不断引发幼儿讨论,为解决问题想办法。 2.设计动植物观察表、记录表或者统计表等
		1.对教师发起的活动感兴趣。 2.喜欢模仿教师	1.创设有趣的环境、提供丰富的材料,激发幼儿兴趣。 2.为幼儿提供良好示范

四、幼儿园积极情感教育视野下的家、园、社区协同

《纲要》指出：家长是幼儿园重要的合作伙伴，应本着尊重、平等、合作的原则，争取家长的理解、支持和主动参与，并帮助家长提高教育能力。家长作为幼儿成长的第一任教师，对幼儿的成长尤为重要，更是幼儿园工作不可或缺的合作伙伴。良好的家园合作、有效的家园沟通，能够有效培养幼儿积极的情绪情感。

（一）幼儿园积极情感教育视野下的家、园、社区协同的意义

1. 家园携手，创设促进幼儿情感发展的家庭教育环境

婴幼儿时期，由于生长发育还不成熟，幼儿不能很好地调整和控制自己的内在情绪，而大多数家长也找不到合适的问题解决方式，或顺着幼儿，或简单粗暴，或选择无视。作为一名专业的教育者，教师要积极与家长进行沟通，了解幼儿消极行为及情绪的深层次原因，帮助幼儿找到正确处理事情和情绪的方法，并为家长提供专业的指导建议。通过家园沟通合作，为幼儿创设一个良好的家庭积极情感教育环境，促进幼儿身心和谐健康发展。

2. 平等互信，共同营造良好家园共育氛围

每位幼儿都有自身独特的成长背景，幼儿的行为习惯因环境的不同而存在差异。在实际生活中，很多幼儿在家庭和幼儿园中的行为表现也不一样。导致这种现象出现的原因是家庭和幼儿园教育不一致，没有形成统一的教育影响力。因此，提高教师与家长沟通的能力，形成良好的合作关系，是提高家园共育质量的基础。家长和教师应在教育幼儿的过程中互相学习、共同成长，建立合作互助的伙伴关系，学校应提供平等对话的交流平台，让家长了解并支持幼儿园的教育理念、教学目标、教学过程等，在借助家长智慧的同时，反馈专业的指导建议，营造有利于幼儿发展的家园氛围，形成共育局面。

3. 情境多元，能够丰富幼儿的积极情感体验

人的情感总是在一定情境中产生的，要帮助幼儿获得更多真实的情感体验，需要提供多元化的情境。幼儿园在为幼儿创造多元化情境的同时，需要家庭的支持才能让这种体验更加深刻、长久。因此，教师通过与幼儿家长进行沟通，了解幼儿的内心世界，有针对性地给予幼儿及时的关爱、指导和帮助，家园一致，让幼儿在和谐、幸福、有爱的环境里成长，获得积极的情感体验，成为一个情绪良好、积极健康的人。

（二）幼儿园积极情感教育视野下的家、园、社区协同的策略

为达成家园教育共识，使积极情感教育课程在家庭中得到延伸和发展，在尊重的理念引领下，应改变以往以教师布置为主、家长被动参与的单边说教式家园合作方式，尝试建立多方位、立体化的家园联系网络，与家长建立一种伙伴式的新型教育关系。

1. 改善家园合作模式，加强家园沟通交流

（1）丰富互动形式，提升共育活动趣味。教师输出信息，家长单边输入，是导致家长参加共育活动效率低的主要原因之一。可采取灵活多样的互动形式，如专题讨论，通过教师抛出问题，家长讨论，最后达成共识，充分调动家长的积极性，让家长参与进来。此外，还可以组织家长进行互动游戏，通过玩游戏，家长认识到家园合作、互助、信任的重要性，比起"填鸭式"的讲道理，寓教于乐的方式更容易帮助家长理解与接受。

参考资料：家长会流程

会议时间	×月×日晚上
会议地点	幼儿园音乐厅（班级）
会议准备	PPT及音乐、会场的布置、家长签到表、纸笔等工具
会议流程	1.教师自我介绍；2.分享幼儿现阶段情况；3.家长提问，话题讨论；4.游戏"动作传情"

会议内容	一、教师自我介绍 二、分享幼儿现阶段情况 （一）班级基本情况介绍 1.入园情绪；2.幼儿表现；3.幼儿自我服务能力。 （二）教育教学活动的开展 1.幼儿园课程理念；2.幼儿的学习特点；3.一日生活的重要性。 （三）家园携手，共促发展 1.家长义工；2.家委会；3.家园共育。 三、家长提问，话题讨论 话题一：如果孩子不想上幼儿园，你会怎么做？ 幼儿刚开始幼儿园生活，可能会出现哭闹和情绪波动，这是幼儿的正常反应。您的停留会影响幼儿的情绪，延长幼儿的哭闹时间。希望家长们正确对待，减少焦虑，信任老师，把幼儿交给老师后尽快离开。 话题二：有的孩子上幼儿园，为什么会频繁生病？可能由哪些因素造成？为了减少幼儿生病，家庭和幼儿园需要做些什么？ 生病原因一般有以下三种： 1.幼儿自身免疫功能比较差；2.进入集体环境后，交叉感染概率较高；3.孩子脱离熟悉的家庭环境，进入新的陌生环境，产生焦虑情绪，食欲不好，会影响孩子的免疫功能，导致容易生病。 家庭和幼儿园可以做的： 1.在幼儿入园前，家园组织亲子活动，让幼儿熟悉老师和幼儿园的环境；2.对分离焦虑较明显的幼儿，家长在家要进行抚慰和正面引导；3.老师组织丰富多彩的活动，转移幼儿的注意力，使幼儿逐渐参与到活动中；4.家园积极沟通，对孩子出现的不适情况达成一致的解决办法。 四、游戏"动作传情" 日常生活中的很多事情由于看不到事情的全部经过，再加上每个人的理解不同，被"演绎"的事实结果就会不同。幼儿在幼儿园的三年生活中，类似事情可能时有发生。您看到的自己孩子或其他孩子的某个真实情景，有可能只是完整情景中的某个片段而不是全部。我们期待家长来幼儿园或打电话了解事情的全部过程，消除不必要的误会，增加彼此的信任

案例：入园前亲子活动"××班欢迎你"

一、活动背景

孩子从家庭走入幼儿园，是他们走向社会的第一步。幼儿园的环境、老师等对他们来说既陌生又新奇。而新生入园，不仅孩子会恐惧、不适应，很多家长也受不了分离时孩子的大哭大闹，担心孩子在幼儿园的种种不适应。因此，教师设计了入园前的亲子活动，通过自我介绍、亲子手工、亲子游戏等，提前让家长带孩子熟悉幼儿园环境、熟悉老师，从而对老师产生信任感，帮助新生尽快适应幼儿园生活，做好心理上的各种准备，同时也让家长放心，以尽快建立良好的家园合作关系。

二、活动目标

（1）通过一系列入园前的亲子活动帮助幼儿及其家长熟悉班级环境和老师，促使幼儿萌发喜欢上幼儿园的积极愿望。

（2）消除对老师的陌生感，增进幼儿、家长与教师间的情感交流，从心理上缓解幼儿的分离焦虑，消除家长的种种顾虑。

三、活动形式

自我介绍、亲子手工、亲子体育游戏。

四、活动准备

（1）教师提前跟所有新生家长进行面谈，并添加家长的微信，建立班级微信群，将具体的活动时间、地点、温馨提示发给每位家长，并请家长准备好一张3寸的全家福照片。

（2）教师做好每位小朋友的"红苹果"名字挂牌和赞美小贴纸，事先布置好各个活动场地。

（3）准备制作亲子相框所需材料：每位家庭一个贴全家福照片的底板，剪好的花朵、星星等即时贴贴纸，毛条、毛毛球、吸管、纽扣、彩色纸片等辅助材料若干，剪刀、双面胶、胶水每个家庭一套。

（4）准备户外亲子游戏材料：太阳伞、彩色小球。

（5）活动背景PPT及音乐、麦克风一支。

五、活动过程

1. 播放音乐

音乐《让爱住我家》拉开活动序幕，欢迎家长和小朋友的到来；幼儿和家长跟着老师随着音乐律动。

2. 自我介绍环节

（1）教师组织家长与幼儿围坐成圆形。

（2）班级教师抱着玩具公仔自我介绍，与幼儿和家长亲切问好，用小公仔和幼儿握握手。

（3）请新生宝贝们勇敢地迈出第一步，大胆介绍自己："大家好，我的名字叫……"说不出来的没关系，爸爸妈妈是宝宝们坚强的后盾，可以由爸爸妈妈代劳介绍。教师给小朋友送上"顶呱呱"贴纸。

3. 亲子全家福照片装饰活动

（1）教师出示全家福照片，对照片上的家庭成员一一进行介绍，并请个别大方的幼儿介绍自己的全家福。

（2）教师引出活动主题——装饰全家福照片。教师："今天请小朋友和爸爸妈妈一起合作，装饰全家福照片，加上一个漂亮的相框，然后摆到柜子上。我们以后上幼儿园就可以天天看到爸爸妈妈了！"

（3）教师介绍制作全家福的材料与方法，提出装饰时的注意事项（特别是使用剪刀的注意事项）。

（4）幼儿和家长选择自己喜欢的材料，合作进行装饰，教师给予适当指导。

（5）拍照留影，并给装饰好相片的小朋友送上"红苹果"名字挂牌。

4. 亲子体育游戏：玩"太阳伞"

（1）请幼儿和家长牵手选择孩子喜欢的太阳伞颜色并站好，跟着老师的口令和口哨声，甩起"太阳伞"。如果是微风，请大家轻轻地抖动太阳伞；如果是大风，请大家把太阳伞甩得高高的。

（2）教师在太阳伞中间放入小彩球，请幼儿和家长一起抖动太阳伞，在"大锅"里炒豆豆。

5. 告别时光

教师与每个宝宝拥抱，亲切道别，欢迎小朋友再来幼儿园一起游戏、玩耍。

新生宝贝们大方地自我介绍

父女俩骄傲地和全家福合影

老师送幼儿"红苹果"名字挂牌

亲子体育游戏：玩"太阳伞"

六、活动小结

在一系列的入园前亲子活动中，新生宝贝们虽然是第一次到幼儿园与同伴游戏，但在集体欢乐氛围的感召下、在教师的带领下、在爸爸妈妈的陪伴下，孩子们一点也不胆怯，积极活跃地参与到自我介绍、手工制作、体育游戏中，体验与爸爸妈妈、教师、同伴共同游戏的轻松快乐，从而快速熟悉幼儿园环境、熟悉教师，为即将到来的新生入园打下良好的基础。

（2）提高沟通频率，增加家园沟通机会。首先，要重视新生家访活动。家访是分析幼儿家庭，建立与家长的密切联系，给予家长以具体帮助的有效方法，在得到家长对幼儿园工作的支持的同时也能够获得家长对教师的信任。例如，向家长了解幼儿的"乳名"，在组织幼儿活动中更容易增加教师和幼儿的亲切感，建立亲密的情感链接；通过赠送礼物，帮助幼儿感受教师的友好，拉近彼此的距离；发放问卷，请家长科学全面地记录幼儿在家的情况和信息；发放入园温馨贴士，让家长帮助幼儿做好新生入园的心理及能力的准备；奉上一张卡片，上面有班上所有教师的电话和微信、传达室电话、幼儿园微信公众号等，方便家长与教师及时沟通联系；通过家访和与家长座谈，教师了解幼儿的性格特点、兴趣爱好、家庭环境、文化背景等，建立幼儿心理档案。

附录一：幼儿入园前基本生活能力调查表

如厕能力	进餐能力	午睡情况	环境适应	特殊需求
能否独立大便 能否独立小便 大小便会表示 大小便不会表示 不会穿脱裤子 能独立穿脱裤子 需协助穿脱裤子	能独立进餐 经协助能进餐 进餐困难 挑食 会使用杯子喝水 不会使用杯子喝水	有午睡习惯 经常不午睡 能独立午睡 需要陪伴	容易适应新环境 对新环境敏感 愿意结交新同伴 喜欢独处	过敏 特殊疾病史
其他说明：	其他说明：	入睡习惯：	其他说明：	其他说明：

附录二：家长访谈问卷

幼儿姓名：

您幼儿的性格特点：

幼儿对哪些活动和事情比较感兴趣？

幼儿有没有需要特别关注的方面？

您希望得到的反馈是哪些？

您可以提供的教育资源：

其次，要畅通家园沟通渠道。除进行家访、电话访谈、召开家长会、家长开放日、制作家园共育栏等形式之外，信息技术的高速发展为家长和幼儿园双方的交流提供了便捷条件。教师可以通过工作聊天软件、视频软件来记录幼儿的行为表现，并及时反馈给家长。这种方式能够真实直接地呈现幼儿一日活动情况，帮助家长了解幼儿在幼儿园的情况，使互动更加方便有效。

同时，在交流沟通时，教师应针对家长和幼儿不同的情况采取不同的方式。除了针对幼儿的情况进行沟通以外，平时的节假日，教师也可以通过互动平台对家长和幼儿进行节日问候，假期间的注意事项、安全等提醒；对于缺勤或生病的幼儿，教师要及时询问和关怀，对于季节变换时应注意的事项和流行性疾病高发期，也要提醒家长注意，给予建议或指导；对于个别情绪反复的幼儿，教师尤其要给予特别关注和疏导，帮助幼儿恢复良好的情绪。

幼儿个案：不一样的峰峰

峰峰刚来幼儿园的时候，每天不但会挣扎哭闹，而且经常有攻击性行为。同伴轻轻地触碰一下，他都会发脾气，而且课堂上也最多只能坐下5分钟就站起来乱走乱跑，经常需要一位老师专门来陪伴他，让老师心力交瘁。经向他爷爷了解得知，峰峰妈妈长期在外地出差，爸爸也经常不在家，偶尔跟孩子的交流也都是批评和指责，简单粗暴地对待孩子。老师了解实际情况并与峰峰的爸爸妈妈沟通后，共同制定了一些改进的方法。

家庭中，峰峰的爸爸、妈妈放下部分工作，多和孩子交流玩耍，讲故事、聊天、散步、做游戏，多安排他喜欢的家庭外出活动；幼儿园里，老师也多给峰峰一些关注，抱抱他、和他聊天、鼓励他多和同伴交流与游戏，让他感受到同伴的友谊，体会到在班级里被需要，鼓励他有问题及时和老师沟通。

大约一个月后，峰峰脸上的笑容多了，有了一起玩的朋友，也愿意拿出自己的玩具跟伙伴们一起分享，遇到问题不会像开始时那样激烈和暴躁，愿意配合老师的要求，有时也会主动表现自己。看到他的变化，老师和峰峰的爸爸妈妈都很开心。孩子对爱的渴望就是这么简单，只要给予适宜的阳光就会灿烂地绽放。

2. 整合家长资源，提升教育联动质量

（1）倡导家长参与幼儿园活动。幼儿园可以通过开展多种形式的家园共育活动，提高家长的参与度。充分让家长了解幼儿在集体生活中的行为及情感表现，增进其对幼儿园工作的感性认识，进一步促进家长、幼儿、教师彼此间的情感交流，增强家园凝聚力；幼儿园把尊重、信任、充分给予幼儿操作探索的机会等宝贵经验和教育观念传递给家长，明晰家长参与幼儿教育的重要性，有利于形成教育合力；在各种活动中，促进亲子间的沟通交流，让幼儿感受到来自父母浓浓的爱，也让家长体验亲子共游同乐的幸福快乐，增进亲子情感。

家园共育活动的主要形式包括：①引导家长参与到幼儿园的环境创设、亲子DIY活动中，请家长为班级制作一些教玩具，如娃娃角的衣裙、理发店的玩具、工具、沙包、卡片等；②鼓励家长和幼儿共同参加幼儿园的体育活动、游戏活动，如家长开放日，还有三八节的亲子游戏、儿童节表演、亲子运动会、毕业典礼等大型活动；③结合幼儿园活动主题及家长的职业，请家长担任助教，为幼儿的学习提供帮助，如来园协助班级管理或区角活动，外出参观公安局、消防大队、学校、超市等单位时协助组织等。

附：亲子活动案例

亲子活动案例1：大班庆中秋"月饼DIY"

一、活动背景

时值中秋佳节来临，结合中秋节的节日风俗习惯，本班有效利用家长资源，开展庆中秋"月饼DIY"活动，旨在弘扬中国传统文化，激发幼儿的爱国情怀，同时培养幼儿的动手操作能力，促进幼儿肌肉的发育，体验劳动带来的成就感，并促进亲子间的亲密互动，共同感受幼儿园大家庭的温暖与亲情。

二、活动目标

（1）知道农历八月十五是中秋节，了解中秋节的来历、传说、习俗。

（2）积极参与月饼的制作，在听听、做做、玩玩、唱唱中体验节日的快乐，感受中国人的文化习俗。

（3）在亲子合作制作月饼的过程中，增进亲子间的情感交流，共同体验劳动与收获的喜悦。

三、活动形式

亲子烹饪、亲子表演。

四、活动准备

（1）和班级专业制作西饼的家长商量所需材料及购买事宜。

（2）制作电子邀请函发送到班级群里，统计参加活动人数。

（3）准备制作月饼所需材料：模具一家一个，豆沙馅5斤、莲蓉馅5斤、冰皮粉10斤、1升装鲜奶6支；一次性桌布10张、一次性手套1对/人，矿泉水1瓶/人；月饼盒50套。

（4）准备中秋节习俗介绍视频、《爷爷为我打月饼》、《花好月圆》、《春江花月夜》等音乐。

（5）请语言表述能力强的家长准备故事《嫦娥奔月》。

（6）准备活动背景PPT及音乐、麦克风。

五、活动过程

1. 活动准备及场地布置

（1）家委会的家长们提前半小时到达幼儿园，准备活动材料。

（2）进行场地布置：把桌椅摆放好，铺上桌布，并消毒桌面。

（3）在糕点师的指导下调配好馅料和冰皮粉。

（4）引导参与活动的家长和小朋友入座。

2. 教师介绍中秋节的传统习俗，激发幼儿参与活动的兴趣

（1）师生共同演唱歌曲《爷爷为我打月饼》，引出活动主题——庆中秋"月饼DIY"。

（2）教师以问题引发幼儿对中秋节风俗习惯的好奇与兴趣。

教师："小朋友，你知道中秋节是哪一天吗？中秋节的月亮与平时有哪些不一样？中秋节有哪些风俗习惯？关于中秋节的神话故事有哪些？"

（3）请幼儿欣赏中秋节节日介绍视频，了解祖国各地庆祝中秋节的传统民间习俗。

（4）请家长讲述神话故事《嫦娥奔月》，感受古代的人们对月亮与中秋的美好想象。

3. 亲子制作月饼

（1）家长和孩子洗手，戴上一次性手套。

（2）请糕点师介绍制作冰皮月饼所需材料，并结合PPT示范月饼制作方法：搓馅料——将搓好的冰皮球压扁——将馅料包进冰皮——将包好的材料放入模具——压制成型。

（3）播放《春江花月夜》《花好月圆》等音乐作为背景，家长和孩子一起动手制作月饼，糕点师进行个别指导，老师为活动中的家长和孩子留影。

4. 分享品尝月饼

（1）孩子们可以互相欣赏制作好的月饼，彼此分享品尝各自的劳动成

果——月饼。

（2）参与活动的全体家长和孩子捧着自己制作的月饼合影留念。

5. 活动结束

家长、孩子一起收拾和整理场地。

父子亲密合作制作月饼

小朋友分享劳动成果

孩子们和爸爸妈妈一起制作月饼

亲子共同享受劳动成果

六、活动反思

通过此次亲子活动，幼儿不但有了丰富的体验，了解了中秋节的传统习俗，培养了动手能力，而且在制作月饼的过程中，通过家长的帮助与鼓励，合作与交流，让亲子间的互动甜蜜升温，激发了更多积极的情感体验。

亲子活动案例2："感受亲情，快乐阅读"

一、活动背景

亲子阅读在提高幼儿的语言、审美、想象等诸多能力的同时，还在塑造幼儿健全人格，丰富幼儿情感体验，培养幼儿良好习惯等方面发挥着重要作用。对于学前儿童来讲，阅读方式以亲子绘本阅读最佳，这不仅是儿童吸收知识的主要途径，而且也是一种情感需求，它的最大目的就是让儿童快乐、感动、发泄，在零压力的情况下，带着好奇、兴奋的心情，融入绘本的故事情境。班级家委会深感亲子阅读对于幼儿成长的重要助力，前期对深圳一些专业及公益性的阅读组织进行了多方了解，联系到深圳三叶草故事家族来园开展专业的亲子故事会活动，并且在活动后与家长沟通交流一些亲子阅读的问题。为此，我班特精心筹备了以"感受亲情，快乐阅读"为主题的"三叶草亲子阅读"活动。

二、活动目标

"感受亲情，快乐阅读"是三叶草亲子阅读活动的终极目的。在亲子阅读绘本时，孩子看着精美的图画，听着爸爸妈妈的声音，很快将自己融入绘本中的角色，亲子绘本阅读的本质就是让孩子找到快乐，找到问题的解决方法。同时，亲子阅读可以让孩子深切体验到父爱、母爱的温暖，让亲子关系更加融洽。

三、活动形式

深圳三叶草故事家族亲子阅读活动。

四、活动准备

（1）物质准备：绘本PPT、绘本故事书、轻柔的音乐、各种手工彩色纸、剪刀、胶水、彩笔。

（2）经验准备：孩子们准备一个自己熟悉的故事。

五、活动过程

1. 活动介绍

教师向大家介绍三叶草主持人月亮姐姐；主持人介绍"三叶草亲子阅读"的活动过程。

2. 幼儿讲述绘本故事

请小朋友在听众面前做自我介绍，并向大家讲述自己熟悉和喜爱的绘本故事书。

3. 主持人讲述

三叶草主持人围绕绘本故事《粉红色的靴子》，开展讲述、扮演、美工制作等活动。

（1）草莓姐姐用优美、舒缓的声音声情并茂地为小朋友们讲述绘本故事《粉红色的靴子》。

（2）幼儿说绘本中自己喜欢的角色，并进行模仿扮演，想象角色的表情及声音的变化，学说绘本中角色的对话。

4. 亲子合作创作表现故事情境

（1）孩子与爸爸妈妈用绘画、粘贴、剪贴画等方式，把绘本中自己最喜欢的故事情境表现出来。

（2）请小朋友分享自己的亲子作品，说说亲子创作的过程、方法、所表现的情境以及选择这个情境的原因。

5. 参与活动的幼儿、家长一起合影留念

亲子共同创作表现故事情境

三叶草故事家族与小朋友、家长合影

月亮姐姐介绍怎样进行亲子阅读

草莓姐姐生动地讲述绘本故事

孩子们与草莓姐姐积极地分享互动

孩子们在听故事

孩子们听得很入迷

六、活动小结

三叶草读书会活动中，孩子们能认真聆听绘本故事，大胆回答主持人的问题，并勇于在集体面前分享自己的阅读故事，通过与爸爸妈妈的亲密交流，感受亲情，乐在其中。同时，让家长们充分认识早期阅读的重要意义，感受到亲子共读的魅力，使陪伴孩子阅读成为一种习惯、一种享受。

亲子活动案例3：家长开放日之环保时装DIY、风尚秀

一、活动背景

为了提高幼儿的环保意识，倡导低碳环保的生活理念，培养幼儿的审美情趣、动手能力和表演能力，同时让家长和孩子在活动中感受到亲子共同制作与表演的乐趣，班级以家长开放日为契机，举行了亲子环保时装制作和表演活动。通过让家长和孩子共同收集废旧物品、利用废旧物品进行环保时装设计制作以及"我型我秀"等活动，来体现环保、创新、艺术等理念，为幼儿提供一个展现自我、提升自信的舞台。

二、活动目的

（1）通过亲子DIY制作环保时装，激发幼儿和家长的想象力、创造力，发展幼儿的动手能力，体验变废为宝的乐趣。

（2）通过亲子环保服装秀活动，展现幼儿健康、活泼、自信、大方的精神风貌，增进亲子间的交流与合作。

（3）增强幼儿和家长的环保意识，呼唤每一个家庭、每一个人都珍惜可利用资源，保护环境，创造和谐社会。

三、活动形式

亲子环保时装制作和时装表演。

四、活动准备

（1）物质准备：家长共同收集旧报纸、纸箱、光盘、塑料袋、吸管、泡沫纸、编织袋、布料、旧衣服、树叶等废旧物品；幼儿自带墨镜、纱巾、阳伞、草帽等用于造型的道具；教师准备剪刀、胶水、双面胶、透明胶、丝带、扣子、羽毛、即时贴、皱纹纸等工具和材料，环保时装的照片PPT，走秀的背景视频与音乐。

（2）经验准备：教师事先带幼儿观看时装表演，熟悉表演舞台，练习走时装模特步；家长和幼儿共同设计时装秀的动作造型。

五、活动流程

（1）说明活动主题，幼儿主持："大家好！今天是我们××班的家长开放日暨环保时装DIY、'我型我秀'活动。感谢家长们在百忙之中抽出时间来参加我们的活动。一会儿小朋友要和爸爸妈妈一起利用各种废旧物品制作漂亮的时装。然后请小朋友做时装模特现场展示。小朋友们，我们都是能干的环保小卫士，我们可以用巧手变废为宝。我们还要珍惜资源，少一点制造垃圾，共同保护我们美好的家园。"

（2）教师播放环保时装的照片，介绍制作这些环保时装的材料和方法，鼓励幼儿和家长从中获得启发，设计出富有创意、彰显个性的时装，传达绿色环保理念。

（3）亲子环保时装设计与制作。

① 教师介绍现场的各种废旧材料、纸材等半成品材料和手工工具等。

② 请家长和孩子共同讨论将要制作的时装类型、花样，发挥创造力和想象力，画出设计草稿。

③ 家长和孩子一起选择适宜的废旧材料与辅助材料，并运用剪、撕、贴、拼等方法共同制作环保时装。

（4）亲子环保时装风尚秀。

① 家长给孩子穿好自制的环保时装，并运用头饰、首饰、墨镜等各种装饰品进行装扮、美化。

② 播放时装表演的T台秀视频作为演出背景，幼儿在家长的陪同下进行时装表演。

③ 教师鼓励幼儿与好朋友两人一组进行时装表演。

（5）请所有的小模特与家长合影留念。

小模特走秀

小模特与爸爸妈妈走秀

小模特精彩亮相

亲子共同制作环保时装

六、活动小结

通过这类集美工创意、亲子制作、亲子表演于一身的家长开放日活动，不仅给幼儿和家长带来视觉美，更激发了大家的创意和灵感，还使幼儿体验了小小时装模特的风采与自信，进一步向幼儿、家长、社会提倡了绿色环保理念，使大家认识到节约和保护资源的重要性。同时，促使家长进一步参与到幼儿园的教育教学活动中，在亲子交流与合作中度过温馨和快乐的半日活动。

亲子活动案例4：家长开放日之反哺之情，爱心传递

一、活动背景

《3—6岁儿童学习与发展指南》指出，幼儿社会领域的学习与发展过程是其社会性不断完善并奠定健全人格基础的过程。随着中国开放二胎政策的实行，有的幼儿已经迎来了自己的弟弟妹妹，家庭的格局发生了改变。为了让孩子适应家庭的新格局，转换角色，走出被照顾、被呵护的角色，体验照顾别人需要付出的辛劳，学习表达爱和付出爱，以培养他们独立的人格。我

们精心设计了家长开放日亲子洗脚活动，来激发孩子爱父母的情感，也让爸爸妈妈体会到孩子赤诚的感恩和反哺之心，让亲子关系更亲密融洽。

二、活动目标

（1）通过让幼儿回顾照顾蛋宝宝的经验，感受父母照顾自己的艰辛。

（2）引导幼儿联系生活实际，表述出父母等亲人对自己爱的行动和陪伴。

（3）通过幼儿为自己的亲人洗脚，激发幼儿爱父母的情感，鼓励幼儿多为他人服务。

三、活动形式

亲子互动洗脚。

四、活动准备

（1）经验准备：活动前一天请孩子当一天蛋爸爸或蛋妈妈，照顾一个蛋宝宝。

（2）物质准备：照顾蛋宝宝的相关照片，音乐《炒小菜》《相亲相爱一家人》，录像《洗脚》，按幼儿人数准备脸盆、毛巾，润肤露两瓶。

五、活动过程

1. 谈话引入

引导幼儿谈谈自己照顾蛋宝宝的经验感受，引发幼儿回忆爸爸妈妈对自己的爱和保护。

（1）师生共同欣赏孩子照顾蛋宝宝的照片。

（2）教师提问："小朋友，这个星期我们尝试照顾蛋宝宝，体验了一回当爸爸或妈妈。你是怎么照顾你的蛋宝宝的？你的蛋宝宝喜欢你吗，为什么？你喜欢你的爸爸妈妈吗，为什么？你有保护好你的蛋宝宝吗，你是怎么保护的？爸爸妈妈是怎么保护你的？你可以保护爸爸妈妈吗？现在你已经是大班的小朋友了，可以为爸爸妈妈做什么事？你长大以后会怎么保护爸爸妈妈？"

2. 观看录像《洗脚》

（1）启发幼儿想象影片中洗脚双方的心情。教师提问："你在画面中看到了什么？妈妈做了一件什么事？奶奶高兴吗，为什么？她的表情怎么样？小宝宝也做了一件什么事？妈妈高兴吗，为什么？"

（2）教师总结：我们家庭中的每一个人都要相亲相爱，互相照顾。小朋友，今天我们也为爸爸妈妈洗一次脚好吗？

3. 亲子洗脚活动

（1）教师："现在，请爸爸妈妈享受一次孩子们的服务吧。采访一下，××小朋友，你爸爸的脚是怎样的？"

（2）在教师的引导下，幼儿按步骤为爸爸妈妈洗脚：脱去鞋子和袜子——捶捶背、捏捏手臂——擦干脚，给脚做做按摩（小手捏起来像个小拳头一样，搓搓脚心，捏捏每个脚指头）；给脚擦上香香的润肤露。

（3）家长积极地回应。教师："请给我们的宝宝一个大大的拥抱，亲亲我们的宝贝们！我们××班是一个充满爱的大家庭。"

（4）请爸爸妈妈和小朋友分享自己的心情与感受。

（5）教师总结："我们要珍惜关心、爱护你的人，懂得感恩和回报，对父母亲人付出爱与劳动会收获更多的快乐和幸福。"

4. 师生与家长共同演唱《相亲相爱一家人》，活动结束

洗脚活动中亲子间的水乳交融

洗脚活动中处处流露着温馨的亲子情

六、活动小结

孩子照顾他人的主要经验来源是"照顾蛋宝宝"的活动。孩子们在参与的过程中，给自己的蛋宝宝起名字，给蛋宝宝唱歌、讲故事、弹琴、洗澡，和蛋宝宝一起看书、看电视。当蛋宝宝受伤的时候，他们还流下了眼泪。孩子们非常好地完成了角色转换，所以在描述父母对自己的爱的时候，孩子说得很详细。在"爸爸妈妈是怎么保护你的？"这个关键问题上，老师给予了一些照片的支持，使孩子能够根据照片来连接自己的生活经验，从而更深地体会爸爸妈妈的爱。

中国人多是不善于表达也不太乐于表达的。但是，在孩子为自己洗脚的过程中，听到孩子说"谢谢爸爸妈妈"，家长们由衷地感受到被孩子关心和爱的幸福。琪琪奶奶说："孩子给我洗脚，这辈子也就几次机会吧。"涛涛爸爸说："他妈妈亏大了！我今天没有白来！"润润爸爸把机会让给润润妈妈，自己像勤劳的小蜜蜂一样，忙着给大家送擦脚的毛巾。所有参与的爸爸妈妈、爷爷奶奶的脸上都是充满了难以言喻的幸福，他们打从心眼里高兴着、感慨着："从襁褓中一点一点喂养长大的孩子，如今真的长大了，懂得用行动反馈爱给长辈了。"

亲子活动案例5：主题晨会——亲子故事会

一、活动背景

故事是孩子成长历程中不可或缺的亲密伙伴，它像阳光雨露，滋润着孩子的梦想。但是，有些孩子最初并不是那么喜欢读书，也有很多家长没有陪同幼儿共同阅读的习惯。针对这些情况，幼儿园开展了"亲子故事表演"主题晨会活动，提出"经典故事、亲子演绎、精彩讲述、快乐成长"的活动要求，让家长和孩子在故事表演中共同绽放精彩，让孩子更喜爱阅读，更深刻理解故事，营造"书香校园""书香家庭"的环境氛围。

二、活动目的

（1）引导幼儿与经典好书交朋友，让幼儿感受故事的魅力，营造浓浓的亲子阅读氛围，使幼儿与家长体验亲子读书的快乐。

（2）为幼儿创设一个想讲、敢讲、喜欢讲、有机会讲并能得到积极回应的环境，给幼儿提供锻炼和展示自我的舞台。

（3）充分发掘家长教育资源，增强家长的读书意识和对早期阅读重要性的认识，增进家园互动。

三、活动形式

亲子故事表演。

四、活动准备

（1）故事准备：向家长发出亲子故事表演倡议，并在班级中先进行选拔，每班推荐一组选手参加园内的亲子故事表演。

（2）服装道具准备：家长根据自己以及幼儿故事角色准备表演服装并提前熟悉表演场地；亲子故事表演背景设计、场地布置以及音箱、话筒、无线耳麦等设备的准备等。

五、活动过程

1. 亲子故事准备

（1）幼儿园向家长发出"亲子讲故事"活动倡议，号召家长积极参与到亲子故事中，鼓励家长和幼儿多人自愿组队，选择3～5分钟的经典故事，由家长们统筹策划表演内容、展现方式，力求创新、生动、艺术、有趣。

（2）各班以班级为单位组织亲子故事表演活动。

（3）由班级家委会与老师共同推荐一组表现优秀的选手参与幼儿园亲子故事会主题晨会。

（4）各班教师对选拔出的亲子故事进行语音语调、表情动作、服装道具等方面的指导。

2. 亲子故事主题晨会活动

（1）主持人开场介绍童话故事的魅力和举行本次活动的意义。教师："小选手们，爸爸妈妈们准备好了吗？今天，让我们共同走进多姿多彩的童话世界吧！"

（2）主持人根据故事内容串词，以激发幼儿对故事的兴趣，并通过提出一些问题让幼儿思考回答来加深幼儿对故事情节内容的理解，引发幼儿对故事蕴含的道理的感悟。教师："有一朵神奇的花，它有彩虹色的花瓣，接下来掌声有请大一班的宝贝给大家带来的故事《彩虹色的花》。""宝贝们，你们知道毛毛虫饿了会怎么样呢？有请小三班的宝贝来告诉你们，请听故事《饥饿的毛毛虫》。""今天有三只小猪要盖房子，它们会搭建出什么房子呢？让我们一起来听听小二班的宝贝给我们带来的《小猪盖房子》。""今天我们幼儿园来了一只小猫，它可不是普通的小猫哦！它是小猫公主！""动物王国里老虎可算是大王了，可大王也是有烦恼的。听说今天有小动物给它拔牙呢！有请中一班的小朋友为我们讲一讲这老虎拔牙的故事吧！""每个小动物都想找到一份喜欢的工作，接下来请欣赏大二班的宝贝带来的故事《小象消防员》。"

（3）结束部分。教师："一个好的故事，就是一块甜甜的巧克力，听来总是让我们回味无穷；听一个好的故事，就像做一个美美的梦，总是让我们久久难忘。让我们用热烈的掌声对爸爸妈妈们和小朋友们的精彩表演表示感谢！谢谢大家的辛勤付出和精彩表演！本次主题晨会到此结束！再见！"

孩子们和家长一起演绎故事

六、活动小结

在"亲子故事会"主题晨会活动中，参与表演的孩子落落大方，动作惟妙惟肖，表情形象丰富，从不同侧面反映了孩子健康活泼、蓬勃向上的精神风貌。本次活动为孩子提供了一个展现自我、提高语言表达能力的舞台，也使孩子体验和父母共同合作表演带来的自信与愉悦，增进了亲子感情。孩子也从生动有趣的故事中懂得了许多道理，在轻松欢快的氛围中得到引导和启迪，感受到了快乐。

（2）倡导家长参与幼儿园的管理及评价工作。家长作为幼儿园教育重要的合作伙伴，是丰富的教育资源和教育潜能的体现。每学期初，教师可以组织家长选举出有一定育儿经验、一定组织和管理能力的优秀家长成为班级家长委员会委员，帮助他们明确自己的职责，参与班级重大活动的决策、组织，为幼儿园、班级的各项活动出谋划策和提供支持与帮助，帮助其他家长了解幼儿园和班级的工作、教育理念，宣传并带动所有家长参与和支持幼儿园的活动。

3. 形成家园情感共鸣，达成教育观的一致化

（1）专业引领，帮助家长形成良好的教育观。通过线上线下的专家育儿讲座、文章推荐等形式帮助家长形成恰当的儿童观、教育观，对幼儿进行正确的家庭教育；以正确的教育思想为指导，引领家长，帮助家长创设良好的家庭教育环境，改进教育方法。

例如，小班老师根据幼儿入园后的各种情绪状况，向家长发放问卷调查表，进一步了解了比较集中的具体问题，发现部分幼儿对情绪的调节与认知不够，有焦虑和胆怯的现象；学习品质方面，对活动中出现的困难有畏缩放弃的表现，专注力不够持久。于是，幼儿园开展了"幼儿心理健康"育儿大讲堂活动，"走进幼儿的内心世界""幼儿情感的小秘密"等育儿沙龙活动等，使家长不断地更新教育理念及教育方法。活动后，老师还制订了持续的完善计划：引导家长阅读有关幼儿情绪情感方面的书籍，注重家长潜移默化的引领和陪伴等。

幼儿情绪表现调查问卷

您感觉幼儿平时的积极情绪有哪些？

开朗（　　　）　　　　　　　自信（　　　）

乐观（　　　）　　　　　　　平静（　　　）

其他说明：_____。

您感觉幼儿平时的负面情绪有哪些？

郁郁寡欢（　　　）　　　　　　　恐惧（　　　）

易怒（　　　）　　　　　　　　　急躁（　　　）

其他说明：_____。

您的孩子生气的时候经常会做什么？

抿嘴（　　　）　　　　　　　　　咬指甲（　　　）

不说话（　　　）　　　　　　　　发脾气（　　　）

您的孩子遇到挫折时的表现是什么？

沮丧（　　　）　　　　　　　　　哭闹（　　　）

放弃（　　　）　　　　　　　　　坚持（　　　）

您的孩子是否经常发脾气？

每天（　　　）　　　　　　　　　2~3天（　　　）

偶尔（　　　）　　　　　　　　　其他（　　　）

（2）合作互信，激发家长参与家园共育的热情。①专业引领。教师要不断提高自己的专业、职业道德水平，热爱每一个来自不同家庭、具有不同体智能的幼儿，以高质量的保育教育工作赢得家长的信赖，使家长乐意接受教师的专业指导，愿意与幼儿园协调一致促进幼儿的发展。②信任为重。教师要信任家长，尊重家长的人格，用个别约谈、家访等形式了解并理解家长的教养心态、教育行为，以平等、友善、建议式的口吻与家长共同商讨，解决问题。③关系和谐。教师、家长采用积极、友善、关爱的态度，建立良好的交往关系，增强彼此之间的感情和吸引力，力争将情感变为动力。虽然教师不是家庭教育的直接实施者，但教师可以通过开展相关教育、交流、培训活动等，引导家长站在更高的角度去看待当前的幼儿教育，从了解儿童生理、心理特点的角度来进行科学育儿。

（三）积极情感教育视野下的家、园、社区协同的指引体系

积极情感教育视野下的家、园、社区协同的指引体系			
模块	目标	具体指标	细则
家园共育	爱与认同	1.能够主动或借助外界刺激向父母描述对老师和幼儿园的感情。 2.能够主动或借助外界刺激向父母讲述在园的事情，并表述情绪。 3.能够意识到自己情绪的起伏，并能主动或借助外界刺激调节情绪	1.入园时教师热情地接待；离园时拥抱告别。 2.离园前的回顾、每日播报等活动。 3.在园和在家，老师和父母共同营造宽松愉悦的环境，并鼓励和支持幼儿表述情绪
		能初步评价自己的长处和不足，并因自己好的行为或结果感到情绪愉悦	1.通过家长会、微信平台、家园联系本等多种形式进行家园沟通。 2.家长和教师统一教育方针，让幼儿有明确的规则意识和边界意识
		1.愿意参加升旗仪式并感到高兴。 2.体验当护旗手的骄傲，喜欢唱国歌。 3.能清晰地知道自己是中国人及居住的城市和小区。 4.愿意与不同文化背景的小朋友交往	1.升旗仪式。 2.晨会活动。 3.主题活动、节庆活动
	交往与适应	1.乐意和家人、老师分享自己的想法及心情。 2.愿意把自己喜爱的东西和他人分享	1.分享喜爱的绘本、绘画作品、玩具等。 2.利用晨谈、离园前来分享自己的心情
		1.小组活动中通过讨论，能进行分工与合作。 2.在家里能做父母的"小帮手"，和父母一起做一些力所能及的事情	1.在幼儿园，和同伴一起做老师的"小帮手"，照顾植物，整理活动区角、自己的书包和衣被等。 2.通过区域活动、小组活动进行合作游戏。 3.做简单的家务活动：叠衣服、擦桌子、清理地面垃圾等
		能够和家人、老师及同伴共同商讨解决问题的方法	1.愿意和家人、老师商量一起完成任务，如过家家、搭积木、户外游戏等。 2.在活动中乐于和小朋友协商共同游戏，如分角色、合作分工、游戏规则等

续 表

积极情感教育视野下的家、园、社区协同的指引体系			
模块	目标	具体指标	细则
家园共育	交往与适应	1.能主动与家长、老师互动沟通，对相应问题能给予回应。 2.主动和同伴探索，提出的新问题能给予探讨	1.通过亲子游戏、亲子阅读等方式与家人积极互动，如讲故事、亲子分角色游戏等。 2.通过晨谈、主题讨论、游戏等给予老师积极的回应，并与之互动。 3.亲子运动会、家长开放日，营造良好的亲子氛围，在活动中增进与家长和同伴的互动与合作
		1.会向老师、家长提出自己的问题和想法。 2.能自己想办法解决力所能及的问题	1.家人和老师根据问题引导幼儿寻求解决的办法。 2.家长和老师多鼓励幼儿尝试解决问题并给予肯定
		1.激发幼儿热爱祖国、热爱家乡的情感。 2.培养幼儿热爱幼儿园，热爱老师、家人及同伴的情感。 3.培养幼儿的感恩之心	1.通过主题活动和节庆活动，培养幼儿感恩的情感。 2.通过绘本、图片、儿歌等形式激发幼儿感恩父母的养育之恩和老师的教育之恩。 3.通过情境表演、歌曲表达自己的感恩之情
		1.能关注到家人、老师及同伴的情绪并给予关心。 2.能关注自然中的花草树木并给予简单的照顾。 3.能关注国家的大型活动并热爱祖国	1.通过爱国主义宣传活动、谈话等活动进行教育。 2.在家与家人、在园与老师及同伴照顾动植物。 3.通过感恩主题的绘画表达对祖国的热爱
		1.能尊重家人的想法和接纳不同的意见。 2.能认真倾听他人讲话并给予回应。 3.尊重他人的劳动成果	1.在家庭主题谈话和幼儿园主题谈话中，能接纳家人和同伴不同的想法与意见。 2.通过图片、绘本、儿歌让幼儿学会尊重别人的劳动成果
		1.日常生活中会使用礼貌用语。 2.能用礼貌的方式表达自己的需求。 3.尊重为大家提供服务的人。 4.尊重并接纳与自己想法不同的人	1.成人的引导和示范，幼儿园及家庭环境的影响。 2.通过绘本、游戏、谈话等对幼儿进行礼貌教育。

积极情感教育视野下的家、园、社区协同的指引体系			
模块	目标	具体指标	细则
家园共育	交往与适应		3.接受他人的帮助会说"谢谢",给他人造成麻烦时会说"对不起"等礼貌用语
	睿智与乐学	1.在教学活动中保持兴趣,并自始至终坚持完成。 2.能坚持参加并锻炼、学习一项体育活动	1.鼓励幼儿在家帮助父母做力所能及的事(如倒茶、擦地、洗碗具等)。 2.午睡后自己穿衣叠被、自主进食等。 3.亲子共同完成教育活动(如亲子海报、亲子阅读、亲子手工)。 4.在家坚持亲子阅读,在园坚持故事分享。 5.在老师的引导下,进行体育锻炼
		1.能够挑战自己,遇到问题能够尝试自己解决。 2.在老师的鼓励下,能在长期的、复杂的体育项目上坚持锻炼	1.家园合作,共同培养幼儿不怕困难的意志品质。 2.家园合作,鼓励幼儿参加幼儿园的一些具有挑战性的活动
		1.老师和家长共同引导幼儿对周围的事物充满好奇心与求知欲。 2.引导幼儿善于发现问题并善于收集信息	1.带领幼儿观察室内外环境以及大自然、班级动植物角、天气等变化。 2.鼓励家长在节假日带领幼儿进行户外的观察和探索

第六章

幼儿园积极
情感教育活动课例

第一节　幼儿园积极情感教育教学活动课例

课例一：大班社会活动——友谊

一、活动背景（教材分析）

本节活动偏向于生活感知的教学模式，利用幼儿已有的生活经验，在闲聊、游戏的轻松无意认识的状态中逐步深入教学，达到有意认识：每一个"我"不仅是一个独特的"我"，还是一个不断成长发展的"我"。同时幼儿大班幼儿即将结束幼儿园生活进入小学校园，三年的幼儿园生活给孩子们留下了美好的印象，师生之间、幼儿之间结下了深厚的情谊。为了让幼儿了解三年来自己的成长变化，感受自己已经长大，体验毕业离园时的惜别之情，特设计本活动。

二、活动目标

（1）幼儿敢于大胆地在集体面前表现自己，对自己的与众不同感到自豪。

（2）幼儿能用简短的语言描述自己及好朋友的特征。

（3）让幼儿感受对幼儿园、对老师、对同伴不舍的情感。

三、活动准备

（1）PPT。

（2）猜谜照片和幼儿音频，幼儿生活照。

（3）背景音乐。

（4）名片、贺卡、轻黏土等制作材料。

四、活动过程

（一）出示漫画，图片导入，知道每个人是独一无二的

（1）依次出示PPT（说说四个漫画人物及其特征）。

（2）提问："你认识他吗？他有什么特征？"

（二）秀秀自己

（1）摸自己身体，相互说说自己的长相外貌特征。

（2）请个别幼儿介绍自己。

（三）了解同伴的独一无二

（1）依次出示PPT，教师提问：猜猜这是谁？说说你的理由。

第一张：一位小朋友的眼睛。

第二张：一个音频（一个男孩唱歌）。

第三张：一位小朋友的背影。

（2）总结：原来，你们都了解他们和别人相比不一样的特点，所以一下子就猜出来了。

（四）了解好朋友，介绍自己的朋友

（1）提问：说说你的好朋友长什么样？（最明显的特征）

（2）提问：你的好朋友是谁？你为什么想和他（她）做好朋友？

（3）请个别幼儿在集体面前展示本领。

（4）PPT滚动播放每个小朋友的照片，停在哪一张照片上，就请这位小朋友来介绍并展示一下自己和别人不一样的地方。

（五）小朋友做礼物送朋友

师：我们共同度过了三年美好的幼儿园生活，现在我们即将毕业了，即

将与我们的好朋友告别，如果以后我们想朋友了，怎么办呢？

（1）分三组完成礼物（名片、贺卡、轻黏土三组）。

（2）伴随轻音乐，老师送祝福话语，小朋友送祝福话语。

（3）师总结：你们可以写下你们家里的电话号码，送给你的好朋友，以后想念彼此了，可以打打电话，相约游玩，即使毕业了，我们也永远都是好朋友。

（六）跳舞传递感谢，最后感谢拥抱

师：你们就要从幼儿园毕业了，不管走到哪里，老师希望你们都能保持自己独一无二的优点，让更多的人喜欢你，让更多的人和你做朋友。

课例二：大班语言活动——《永远永远爱你》

一、活动背景（教材分析）

在我们的一生中有一种爱始终相随相伴，那就是母爱。《指南》指出：5～6岁幼儿的情感稳定性和有意性增长。幼儿对于母爱的体验也更加强烈，幼儿体验着妈妈的爱、享受着妈妈的爱。绘本《永远永远爱你》以慈母龙妈妈和霸王龙良太之间的爱贯穿整个故事情节，在每次情节转变的过程中，这种爱就更为凸显。在本次活动中，通过在情节转换处的分段阅读理解，让幼儿在阅读这一绘本的过程中能直观地感受到这种爱。本不可能相亲相爱的慈母龙与霸王龙却深深地爱着对方，而让这种不可能变为可能的正是慈母龙妈妈无私的母爱。而活动最后把"爱"从故事迁移到幼儿自身的情感中，让幼儿感受到：妈妈对我们的爱也是无处不在的，妈妈爱我们，我们也爱妈妈。

二、活动目标

（1）共读绘本，了解故事内容，感受绘本的魅力。

（2）在观察、想象与阅读中，感知故事情节发展，鼓励幼儿说出自己最感动的一幕。

（3）通过回忆霸王龙良太与慈母龙妈妈之间相亲相爱的情节，引导幼儿尝试说出父母对自己的爱和如何向父母表达爱。

三、活动准备

（1）PPT《永远永远爱你》。

（2）相关恐龙图片、恐龙叫声。

四、活动过程

（一）认识恐龙

播放恐龙声音，引导观看恐龙图片，认识故事的主人公。

导入语：今天老师想和大家一起来读一个故事，这个故事发生在很久很久以前……

这是什么动物的声音？大屏幕上是什么？小朋友说了很多很多的猜测，听到你们的声音，我们故事的主人公忍不住要出来和大家打招呼了！瞧，它来了……（慈母龙）

（二）故事的主人公是一只霸王龙

师：你们对霸王龙了解吗？刚才说了霸王龙是一种很凶很凶的食肉动物，它们体形庞大，小动物们都害怕它。但是我们的主人公却是一只很特别的霸王龙，它有多特别呢？让我们一起走进这个故事。

（三）观察想象，共读故事

（1）我们的故事开始了——你们看，咦，这是霸王龙吗？让我们一起来

看看这只神秘的恐龙到底是谁？

（2）分段讲述故事，提出问题。

① 这只神秘的恐龙是谁？

② 过了几天……会发生什么事呢？

③ 慈母龙妈妈发现这是一只可怕的霸王龙宝宝，会怎么做呢？

④ 甲龙叔叔告诉光大霸王龙是什么样子的。我们一起来表演一下霸王龙是什么样子的。

⑤ 从岩石的后面……会出现什么东西？

⑥ 成年的霸王龙告诉良太它是霸王龙，良太相信了吗？它会做出什么反应呢？

⑦ 良太猜到了什么？你们觉得它和成年的霸王龙会是什么关系？怎么看出来的？

⑧ 这堆红果子是从哪里来的呢？

（四）品味故事

（1）故事里有哪些恐龙？两个恐龙宝宝叫什么名字？良太是一只怎样的霸王龙？和别的霸王龙有什么不一样？

（2）留在你脑海里印象最深的是哪些画面，哪些话语？

（3）小结：在慈母龙心中良太永远是它的孩子，是它的宝宝，即使良太不在身边，它也会永远永远爱它。这个故事的名字叫作《永远永远爱你》，这是谁说的话？

（五）体会自己与家人的爱

慈母龙妈妈永远永远爱霸王龙良太，在生活里有没有你们永远永远爱的人呢？请说一说。

课例三：小班社会活动——《亲亲热热在一起》

一、活动背景（教材分析）

小班幼儿对于幼儿园生活有时还会有焦虑的现象，因此教师的开导与鼓励是不可或缺的。其实，我们还有一个有力的帮手就是同伴，但现在幼儿对于同伴之间的交往总感觉还不够，比如同伴间友好的表达、正确的交往等，这是需要平常在幼儿的生活中去发现的。教育本来就是来源于生活，并反馈生活，所以设计了本活动与幼儿共同探讨。

二、活动目标

（1）理解绘本内容，根据图片大胆想象故事的情节。

（2）能够用语言和动作表达对同伴的关心与爱护。

（3）感受与老师、同伴友好相处的温暖和甜蜜，喜欢上幼儿园。

三、活动准备

（1）经验准备：对颜色的认知。

（2）物质准备：PPT。

四、活动过程

（一）情境导入，激发兴趣

（1）播放音乐《找朋友》，听歌曲玩游戏。

（2）游戏：点兵点将（找呀找呀找朋友，找到一个好朋友）。

师：你的好朋友是谁？

（3）出示蓝色圆片，引发幼儿创造性想象。

师：罗老师也带来了一个好朋友，它是谁呢？

（二）理解故事，体验情感

情境一：小蓝的家

（1）了解小蓝的家庭成员。

师：有一个小朋友叫小蓝，它有一个很幸福的家庭。家里有谁？你从哪里看出它是小蓝的爸爸？这是谁？它和爸爸有什么不一样的地方？

（2）爸爸高高的、胖胖的；妈妈矮矮的、瘦瘦的，它们都很爱自己的宝宝。小蓝在家休息了很久，没上幼儿园，它有点害怕，虽然不舍得离开爸爸妈妈，但是它长大了，它要去学习更多的本领来保护爸爸妈妈。

（3）讲述故事"小蓝上幼儿园"，引导幼儿联想刚上幼儿园的经验。提问：你喜欢上幼儿园吗？为什么？

情境二：幼儿园教室里

（1）引导幼儿给小蓝找座位。

师：去幼儿园的路上，小蓝跟在爸爸的身后，它走得很慢很慢，结果迟到了。小朋友都已经坐好了，请你帮助小蓝找个位置坐下。

（2）数一数，班上有几个小朋友呢？它们各叫什么名字呢？你认识它们吗？

情境三：和好朋友一起唱歌

（1）理解画面含义，知道好朋友要互相关心、互相帮助。

提问：现在它们在干什么？少了一个小朋友，谁没来？小蓝为什么不跟大家一起唱歌？

（2）小蓝很久没上幼儿园了，它有点害羞，有什么办法可以帮助它？（幼儿自由回答）

（3）现在它们在进行音乐活动，让我们试试用唱歌的方式欢迎小蓝。

情境四：捉迷藏

（1）引导幼儿找出藏起来的朋友。

师：原来颜色宝宝玩捉迷藏游戏了，它们都躲在哪里？

（2）创设小黑摔倒的情境，引导幼儿向小黑表达自己的关心和爱护，明白好朋友之间要相互关心。

情境五：离园

（1）引导幼儿学图片中的小朋友相互抱一抱，体验好朋友在一起不舍得分开的情感。

（2）感受和好朋友在一起的快乐时光，激发幼儿更加喜欢幼儿园。

师：爸爸妈妈来接了，颜色宝宝要回家了，我们和它们飞吻再见，欢迎下次再来。

（3）听音乐，请小朋友相互送爱心给好朋友或老师。

课例四：大班语言活动——《天生一对》

一、活动背景（教材分析）

绘本《天生一对》是鳄鱼和长颈鹿系列的第三部，说的是这两个看似完全不同的朋友，在经历相识、相知、相爱之后，如何获得周围朋友认同的故事。绘本在可爱的形象、柔和的色彩、幽默浪漫的情节中展现了生活场景，不仅传递了美好的感情，更阐述了爱的学习过程。

故事中，长颈鹿城的长颈鹿们和鳄鱼城的鳄鱼们都觉得长颈鹿与鳄鱼是奇怪的一对；现实中，孩子也觉得它们是奇怪的一对："怎么可能？一个是陆地动物，一个是两栖动物……"于是，如何认同它们是天生的一对，成了学习的主题。尽管鳄鱼和长颈鹿的外表是如此不同，但我们依然可以淡化事

物的表面现象而关注它们本质特征之间的联系。

二、活动目标

（1）尝试根据故事情节结合个人生活经验，用肢体动作和语言大胆表达爱的情感。

（2）观察了解生活周围的配对关系，感受朋友、亲人之间和谐的情感，提高解决问题的能力。

（3）懂得善良、勇敢和智慧的品质可以赢得别人的尊重，并体会天生一对的美好。

三、活动准备

（1）PPT《天生一对》。

（2）扭扭绳。

四、活动过程

（一）直接引出主题

师：今天吴老师给你们带来了一个好听的故事，我们来看看这是个什么故事呢？（幼：《天生一对》）

（二）理解一对的含义

（1）你们知道一对是由几个组成的吗？

小结：一对一般是由两个组成，两个可以组成一对。

（2）这里一共有四种颜色，你选两个把它们组成一对，你选哪两个？为什么？（它们的颜色、样子都是一样的）

（3）一个是花朵、叶子，还有两只不同颜色的手套，请你在这四个当中选两个配成一对，怎么配？

小结：其实无论是外形相同的还是外形不相同的，我们都可以配成一对，只要有理由，只要有原因。

（三）找一找，你和谁是一对

（1）小朋友们长得不同，外形、脾气、爱好都不相同，这儿有没有你的朋友，请你叫出他的名字，他是你的谁？你们是一对。

（2）我们都有自己的朋友，都可以配成一对，尽管你们长得不同。你和他成为朋友的原因是什么？

（3）小结：尽管我们是那样的不同，外形也是那样的不同，可我们总是有理由让我们成为好朋友。

（四）理解故事情节

（1）长颈鹿小姐和鳄鱼先生。

师：它们一样吗？

（2）它们都做了什么事，它们在一起做了什么事让人家觉得很般配？（一起玩，一起吃冰激凌）

（3）它们玩起来也很般配，它们玩扔金币的游戏，长颈鹿小姐把金币高高地扔起来，鳄鱼先生把金币低低地接住，看上去怎样？

（4）师：它们在一起做了很多事，玩了很多游戏，如此不同，却让人看了认为它们是很般配的一对。你和你的好朋友可以在一起做什么事，让人们觉得你们很般配？

（五）游戏"天生一对"

（1）请你和好朋友两人在一起做一个非常要好的动作，如果你们的动作做出来让人感觉很像天生一对的话，你们就可以赢得这个可以让你们做很多动作、造型的扭扭绳（请幼儿找到自己的同伴做一个要好的动作）。

（2）游戏：碰一碰。

游戏规则：请你们两人抱在一起或挨在一起的时候，只许用身体的两个地方碰在一起（鼓励幼儿做不同的动作，造型要好看，动作要稳住）。

（六）播放PPT完整地欣赏故事

（略）

（七）幸福的天生一对

（1）你们觉得家里谁和谁也是天生一对呢？（爸爸和妈妈、爷爷和奶奶……）

（2）天生一对的越多，你们的日子就越美好，在幼儿园，你和你的朋友天生一对的越多，你就越快乐。

课例五：大班语言活动——《跳跳羊》

一、活动背景（教材分析）

本节课是针对大班幼儿设计的一节语言课，大班的孩子在沟通或者交流等方面已经发展得较好，但是这个年龄段的孩子在遇到挫折或者不开心的事情的时候处理得不是很合适，大部分孩子只能用哭或者告状来表达或解决，这节语言课，通过观看小视频的方式，让孩子感受当别人遇到挫折或者不开心的事情时是怎么表达、怎么处理、怎么解决的，并且了解当我们在生活中遇到这些事情该怎么办。

二、活动目标

（1）能够用肢体动作及语言，采取适宜的方式表达自己的不同情绪。

（2）通过观看小视频，感受、分析开心与不开心两种情绪的不同。

（3）当遇到不开心或者挫折时能以积极正面的态度去面对。

三、活动准备

跳跳羊小视频。

四、活动过程

（一）观看视频第一节

提问：小朋友看到了什么？发生了什么事？（通过观察，让幼儿表述）

（二）观看视频第二节

（1）提问：小朋友看到了什么？发生了什么事？跳跳羊有什么变化？为什么会这样？这时候跳跳羊的表现又是什么样子的？（幼儿表述）

（2）讨论：你们有遇到过什么挫折或者不开心的事情吗？

（三）观看视频第三节

（1）提问：小朋友又看到了什么？又发生了什么事情？这时候的跳跳羊是什么样子的？都有哪些变化？（幼儿自由表述）

（2）讨论：当你们遇到事情时是怎么化解的？

（3）讨论：观看完视频，你们有什么想法呢？视频告诉我们一个什么道理？以后我们该怎么做呢？我们要学会面对很多的事情，保持一个健康向上的心态（幼儿自由表述）。

（四）活动结束

以歌曲律动结束本节活动。

课例六：大班数学活动——《蜘蛛和糖果店》

一、活动背景（教材分析）

《蜘蛛和糖果店》是一个有关概率和统计的绘本故事。概率是依据自己收集的材料推测未来，概率其实就是生活中可能性的大小，绘本中的蜘蛛经过统计得知咪咪买棒棒糖的概率比买其他糖果的大，概率虽然能判断某件事情发生的可能性大小，却不能保证百分百正确。我们班的孩子已经基本掌握了数与量的关系，但是在统计方面，他们还没有接触过。在设计此活动时，老师把这个绘本设计成了有情境性的估猜活动，以故事中蜘蛛猜测顾客来糖果店买什么糖的情景为主线，帮助孩子理解概率和统计，同时鼓励孩子根据自己已有的数学经验去推理、猜想，大胆表达自己的想法，体验估猜生活中事件发生可能性的乐趣。数学和情感的联系或许不那么直观，这个绘本中的小蜘蛛虽然不起眼，但它拥有一个特别的本领。这个故事也使孩子明白要用积极的眼光去看待身边的每一个朋友，不要随便小看人。

二、活动目标

（1）在观察、比较的基础上大胆进行推理与预测，初步感知概率、建立统计的概念。

（2）愿意探索生活中事物之间的关系，体会数学活动的乐趣。

（3）善于发现朋友们身上的优点，激发孩子热爱朋友的情感。

三、活动准备

（1）自制PPT，人手一张统计表，一支铅笔，一块橡皮。

（2）孩子们已经认识10以内的数，了解数量关系。

四、活动过程

（一）兴趣引入，以"商店"为兴趣切入点

师：这是一家什么店？是卖什么的？（糖果店）住在糖果店的蜘蛛在糖果店里会发生什么有趣的事呢？

（二）教师讲述故事，引导幼儿发现问题，解决问题

师：这是一个关于蜘蛛和糖果店的故事，名叫《蜘蛛和糖果店》。这位是糖果店的营业员阿姨，一天她在店里打扫卫生，忽然发现角落里有一只蜘蛛，阿姨大声地对蜘蛛说："走开走开，我的店里不能有蜘蛛。"可是蜘蛛非常喜欢糖果店，它对阿姨说："阿姨，让我留在糖果店吧，我可以帮助你，我知道来店里的客人会买什么糖果。"

情境一：咪咪买糖

师：这时，来了一位小顾客，妹妹很有礼貌地跟阿姨打招呼说："阿姨，您好，我买糖。"阿姨一眼就认出了这个经常来糖果店光顾的小客人，阿姨招呼道："咪咪，快进来，买什么糖？"小蜘蛛偷偷地跑到阿姨旁边，轻轻地跟她说："我知道咪咪要买什么糖，我一直在角落里观察来的客人。你看咪咪以前买过什么糖，我都把它记录下来了，一看咪咪的这张买糖记录表，我就知道咪咪肯定喜欢吃棒棒糖。"

（1）蜘蛛猜对了吗？请说说理由。

（2）这张记录表你看懂了吗？是什么意思呢？

（3）蜘蛛根据这个记录表猜对了，这是巧合吗？

情境二：冬冬买糖

师：让我们再来看看，店里又来了一位客人，是个小男孩，"阿姨好。""冬冬呀，快来看看想买啥？"这时蜘蛛又咕噜噜地拿出冬冬的买糖记录表。

师：请你们仔细看看这张买糖记录表，冬冬来过几次糖果店？买过什么糖？那么这次冬冬来会买什么糖呢？为什么？小蜘蛛这次又猜对了，真厉害啊！

情境三：洋洋买糖

师：这时候店里又来了一位小男孩，阿姨问："洋洋，你要买什么糖啊？"蜘蛛得意地拿出洋洋的买糖记录表。

（1）思考：他来过几次？买过几种糖？

（2）出示"买糖记录表"，请你们用铅笔把你认为洋洋会买的东西画在下面的框框里。

情境四：菲菲买糖

师：店里又来了一位客人，是个小女孩，"阿姨好！""菲菲呀，快来看看想买啥？"这时蜘蛛又咕噜噜地拿出菲菲的买糖记录表。

（1）菲菲来过几次糖果店？买过什么糖？

（2）那么这次菲菲会买什么糖呢？为什么？

师：原来菲菲觉得香蕉糖、果冻都好吃，所以轮着买来吃。

（3）小结：我们要观察和多了解客人，把客人买过糖的次数和买的名称记录下来，经过统计，我们就能猜测出这个客人可能喜欢吃什么糖。

情境五：小明买糖

（1）小明也来到这家糖果店，我们要拿什么出来？小明这次会买什么糖吗？他真的会买QQ糖吗？

（2）思考：小明每次都买QQ糖，为什么今天买了薄荷糖？（帮妈妈买的糖果）

（3）小结：有时候就是这样，我们觉得很有可能的结果也会发生意想不到的意外哦！

（三）出示糖果销售记录，帮助阿姨进货

（1）统计所有的糖果数量，然后在这个糖果的名称后面写上数字。

（2）小结：生活中我们也可以用这样的方法去观察和了解身边的好朋友与爸爸妈妈，用统计方法来发现他们喜欢的东西。

（四）猜想蜘蛛的命运

（1）糖果店的阿姨还会把蜘蛛赶走吗？为什么？

（2）小结：小蜘蛛虽然看起来脏脏的，但它拥有一个特别的本领——会统计和推算概率。每个人身上都有优点，我们要善于发现好朋友身上的优点，也要善于发现所有人身上的优点。

课例七：中班语言活动——《大树在唱歌》

一、活动背景（教材分析）

自然和音乐都是可以温暖我们的内心，增进生活中美感的神奇之物。当我们追逐美丽事物的同时，往往也像故事中的村民那样为满足自己的私欲而不考虑行为的后果。《大树在唱歌》启发我们欣赏并感激大自然的恩赐，更深刻地表达了不能因为一己私欲而忘记最后可能出现的结果。让幼儿更懂得保持自然原有的丰美，明白爱护自然环境的重要性。通过音乐和画面的辅助，促使幼儿完整地表达积极主观的环保情感，播下可持续发展的种子，托起绿色的未来。

二、活动目标

（1）在看看、说说的过程中熟悉故事内容，然后用完整的语言表达。

（2）乐于探索自然与人的关系，体验合作表演的快乐。

（3）懂得大树对人类的作用，有保护自然环境和爱护绿化的意识。

三、活动准备

（1）PPT《大树在唱歌》。

（2）故事视频。

四、活动过程

（一）情节导入，引发兴趣

情境：大树的树叶在摇晃，发出美妙的音乐。

导入语：对着神奇的大树吹口气，看看会发生什么神奇的事情？

提问：大树怎么了？怎么才能让它唱歌呢？

（二）观察画面，大胆表述

1. 自然的神奇

（1）提问：听到大树这么美妙的歌声，你心里有什么感受？

（2）小结：美妙的音乐总是能安抚我们的心灵，带来满足感和幸福感。

2. 贪婪的村民

（1）如何才能随时听到大树的声音呢？他们在做什么实验？成功了吗？

（2）村民手里都拿着什么？他们准备要做什么？

（3）把树枝一段段砍下来的时候，你的心情怎样？

（4）火炉里燃烧的树枝，怎么会有悲伤的感觉呢？

（5）你觉得他们做错了什么？为什么？

（6）小结：树枝烧完了，再也没有美妙的音乐温暖、滋润村民的心，大家终于认识到自己的错误。

3. 改变的村民

（1）怎么才能保证小树苗顺利长成一棵大树呢？我们该怎么做？

（2）小结：每天由村民轮流照顾的树苗获得了新生。只要我们懂得爱护生命、保护自然，大树那美妙的歌声一定会继续为我们带来幸福。

（3）完整欣赏故事。

（三）爱护环境

（1）讨论：大树不仅会唱歌，它还可以给我们带来什么？

（2）小结：原来大树对我们那么重要，让我们乘凉，为我们提供新鲜的空气，还帮我们阻挡沙尘暴。

五、延伸活动

请从小事做起。我们可以每天都坚持照顾好班级植物角的伙伴们。

课例八：大班社会活动——《当我害怕时》

一、活动背景（教材分析）

大班的幼儿情绪情感越来越丰富，对情绪情感的自我控制能力也越来越强。这是大班幼儿心理特点一个非常显著的方面。虽然大班幼儿情绪情感的调节能力已逐步加强，但是情绪仍有不稳定性和易冲动性，也容易受各种因素的影响而产生变化。最近班里就经常有小朋友跟我说自己晚上睡觉害怕，不敢一个人睡觉，总是和父母或者爷爷奶奶一起睡。我觉得这对孩子情感的发展有影响，也不容易培养孩子独立的性格，因此我选择了《当我害怕时》这个绘本，故事的主要内容是一只小兔子害怕这、害怕那，但是后来它明白了害怕是一件很正常的事，于是它想出了对付害怕的好多方法。我用这个故事进行教学的主要目的是驱散孩子心中的黑暗和恐惧，让孩子尽量减少害怕或者不再害怕。

二、活动目标

（1）知道害怕是人类正常的情绪，并且能够了解一些正确应对害怕的方法，愿意勇敢面对。

（2）了解绘本的主要内容，激发幼儿的阅读兴趣，培养幼儿的观察力和思考力。

（3）能够围绕话题清楚大胆地表达自己的想法。

三、活动准备

（1）绘本《当我害怕时》PPT。

（2）一些关于情绪的字卡（生气、难过、高兴、害怕）。

（3）幼儿人手一份调查表。

四、活动过程

（一）师生问好，由认识字卡引出主题

师：小朋友们好，今天来了许多客人老师，我们一起向客人老师问声好。今天除了客人老师，老师还请来了几个字宝宝，它们都是谁？（分别出示字卡"生气""难过""高兴""害怕"，幼儿认读）

师：实际上这些都是我们每个人都会有的各种各样的情绪，这些情绪会通过我们的表情表现出来。接下来，让老师看看你们的本领，当你高兴的时候你会有哪些表情？（请个别幼儿展示）

师：不同的人遇到不同的事会有不同的情绪，它们会通过我们的动作、表情表现出来，今天老师想和小朋友说说其中一种情绪（出示字卡"害怕"）。

（1）请小朋友上来讲述自己害怕过的事情。

师：你害怕过吗？你遇到过什么事情会害怕？（幼儿回答）

（2）小结：刚才老师听了很多你们害怕的事情。不光我们小朋友害怕，有一只小兔子也会害怕，它害怕什么？我们一起看看。

（二）出示绘本PPT，了解绘本的主要内容

1. 出示幻灯片1~4，幼儿边看边听老师讲述故事情节

师：刚才小朋友说的好多种害怕，这只小白兔也会。那你们觉得大人们会害怕吗？他们会怕什么？（幼儿自由作答）

2. 出示调查表，请小朋友充当小记者进行采访

（1）分发调查表，请小朋友自行采访。

师：老师现在请你们当一名小记者，每人拿一张调查表去采访一位老师。

（2）将幼儿采访得到的调查表贴在黑板上。

提问：你采访的大人会害怕吗？他害怕什么？（幼儿回答）

（3）小结：原来，不管是大人还是小孩，每个人都有害怕的时候。

（三）出示幻灯片5~6，教师讲述

师：害怕是什么感觉？（讲述绘本内容）

师：心是真的会跳出来吗？害怕时你还有什么感觉？有什么表现？（想要找一个安全的地方藏起来，心里像小鼓震天响，身体会微微发抖，头发也竖起来了，手脚变得冰凉，还会大哭）

（四）教师继续讲述绘本内容6~9

师：害怕就像我们高兴和难过一样，都是人很正常的一种情绪。害怕的感觉好受不好受？不好受，人都会害怕，但是那个感觉又不好受，那我们就可以想办法，让害怕变得少一点，让害怕变得小一点。请说说你有什么办法对付害怕，有些什么办法解决害怕。

（五）出示幻灯片10~13，总结归纳

师：实际上，面对害怕的时候，我们可以用一些办法来帮助自己，让害怕变得少一点、小一点。比如，害怕的时候可以叫出来，可以说"我不害

怕"。老师希望小朋友们以后少一点害怕，多一点高兴，开开心心、健健康康地长大。

课例九：小班语言活动——《妈妈抱抱我》

一、活动背景（教材分析）

小班的孩子依恋情结很重，特别需要安全感。小班的宝宝们希望大人抱抱他、亲亲他，他们需要爱的支持。孩子有了被爱的经历，才会学会爱别人、爱社会，友好地与人相处。此次活动营造的是一种暖暖的美好而深情的氛围，通过教师与幼儿共同对绘本故事《妈妈抱抱我》的解读，从动物妈妈和动物宝宝之间爱的亲密动作，让孩子感受妈妈对孩子表达爱的方式，从而让幼儿体会到妈妈对孩子的情感和拥抱的温暖。

二、活动目标

（1）观察图画，了解动物妈妈对动物宝宝表达爱的方式，并能快乐地表达。

（2）从动物的拥抱中感受妈妈的爱和拥抱的温暖。

（3）通过"抱娃娃"的游戏，体验妈妈对孩子表达爱的方式。

三、活动准备

（1）绘本《妈妈抱抱我》PPT课件。

（2）歌曲《我的好妈妈》、背景音乐。

四、活动过程

（一）歌曲导入，感受母爱的表达

（1）师幼共同表演歌曲《我的好妈妈》。

（2）提问：你爱你的妈妈吗？为什么呢？（幼儿回答）

（3）思考：妈妈是怎样爱你的呢？（妈妈给我买吃的、妈妈给我讲故事、妈妈喜欢抱抱我等）

（二）导入故事，感受动物妈妈对动物宝宝表达爱的方式

师：你们知道动物妈妈是怎样爱它们的宝宝的？我们来听听故事。

1. 感受鸡妈妈的爱

（1）出示第二张图片，看看图片上有谁？

你们猜鸡妈妈是怎样爱小鸡的呢？

（2）出示第三张图片，原来鸡妈妈用翅膀抱它的孩子。

2. 感受狗妈妈的爱

（1）这又是谁呢？它是怎样爱宝宝的呢？

（2）出示第四张图片，狗妈妈和它的孩子。

狗妈妈是怎样爱它的孩子的呢？

（3）出示第五张图片，原来狗妈妈用舌头轻轻地舔它的孩子。

3. 了解鸟妈妈的爱

（1）猜谜语。

师：猜猜谁又来了呢？猜谜语：个头小，本领大，常在空中玩耍，爱在树上睡觉。

（2）出示第六张图片，是鸟妈妈和它的孩子。它们在蓝天中玩耍，在大树上搭一个鸟窝睡觉。

（3）出示第七张图片，鸟妈妈在干什么呢？原来鸟妈妈用嘴巴轻轻地给它的孩子挠痒痒。

4. 了解大象妈妈的爱

（1）观察第八张图片，小女孩回到家中，翻出一本书，看到了什么？
（幼儿观察）

（2）出示第九张图片，大象妈妈用鼻子温柔地抚摸小象。

5. 讨论其他动物妈妈对孩子表达爱的方式，用肢体动作表现

总结：原来动物妈妈都很爱自己的孩子，它们表达爱的方式都不一样。
你还知道其他动物妈妈是怎样爱它的孩子的吗？（幼儿讨论）

6. 模仿表现，情感体验

（1）游戏：抱娃娃。

老师给每位小朋友都准备了一个小娃娃，让小朋友来做小娃娃的妈妈，
看看小朋友都是怎么爱自己的宝宝的。

（2）讲述第十、十一张图片，小女孩和妈妈幸福地抱在一起。（小女孩
看到小朋友们都知道怎么去爱自己的宝宝，这时候，她想起了自己的妈妈，
也想让妈妈抱抱她，她就大喊一声："妈妈抱抱我！"可是小姑娘的声音太
小了，小朋友们一起来帮帮她吧，一起说："妈妈抱抱我！"）

（3）妈妈用温暖的手臂轻轻地抱着小姑娘。

小结：除了抱妈妈，还有好多时候、好多事情都可以知道你很爱她，记
得要说出来、做出来哦！

7. 音乐律动游戏

宝贝们，我们可以怎么爱妈妈？让我们一起来听一听、跳一跳吧！

课例十：大班语言活动——《山丘上的约会》

一、活动背景（教材分析）

大班的孩子开始有自己的好朋友，有自己的价值观和判断。他们会有自己喜欢的朋友，也会有自己不喜欢的朋友。小朋友们即将毕业了，他们会和好朋友分离，他们去小学会认识很多新朋友。我想通过这个绘本，让孩子了解每一位朋友身上都有特点，在交朋友的过程中，要学会包容和接纳朋友的优点与缺点。

二、活动目标

（1）能仔细观察画面，大胆想象故事内容并用完整的语言讲述。

（2）学习并理解故事中出现的字词"笔友""约会""绝交"。

（3）明白朋友之间要互相包容和接纳的道理。

三、活动准备

（1）信封及信一封。

（2）绘本《山丘上的约会》PPT。

（3）识字卡："笔友""约会""绝交"。

四、活动过程

（一）观察画面，吸引兴趣

引导孩子观察画面1～10，鼓励孩子讲述自己对画面的理解。

（二）完整阅读故事绘本至第21页

（1）教师解释"笔友"。

（2）教师逐页与孩子互动，慢慢引导孩子理解故事内容，感受主人公的情感和心理活动。

（3）教师鼓励孩子说出自己对画面的理解。重点解释"约会""绝交"；重点引导孩子感受为了能够守约，两位主人公付出的努力。

（三）鼓励孩子续编故事

（1）翻到第21页，老师问："你们觉得瓜瓜先生和玲玲小姐接下来会怎么样？他们心里是怎么想的？他们会怎么说？他们还会做朋友吗？"

（2）故事结束后，鼓励孩子表达自己对这个故事的理解。

师：虽然瓜瓜先生不是玲玲小姐想象的那么高、那么帅，玲玲小姐也不像瓜瓜先生想象的那么甜美娇小，但是，他们还是可以做朋友的。小朋友们，你喜欢这个故事吗？为什么？

（四）鼓励幼儿学会包容朋友的优点和缺点

老师准备一些交友情境的小纸条，请小朋友抽取纸条。老师念纸条的内容，请小朋友来解决纸条描述中的情境难题。

（五）教师总结

每个人身上都有优点和缺点，我们在看到别人缺点的时候，也要反思自己的缺点，我们要学会包容朋友的小缺点。当然，朋友的缺点也需要我们的指正和帮助，这样好朋友才会一起进步、一起成长。

第二节　幼儿园积极情感教育特色活动

课例一：阳光早餐

一、活动目标

（1）感受和同伴一起吃自助餐的乐趣。

（2）培养幼儿生活自理能力、社会礼仪及用餐文化。

（3）培养幼儿在取食物时学会谦让，养成不推不挤的良好习惯。

二、活动准备

（1）幼儿进餐用的桌子；盘子、杯子、小碗、勺子、筷子若干。

（2）食物。

三、活动过程

（1）组织幼儿到指定地点就座，介绍餐具摆放的位置和用完后的餐具摆放位置；介绍食物种类及就餐礼仪和要求。老师交代幼儿正确取放餐具，在取食物时提醒幼儿不拥挤、推搡，注意礼貌，学会等待和谦让。

（2）指导幼儿吃自助早餐。幼儿自由选择自己爱吃的食物，大班的小朋友要学会让中小班的弟弟妹妹先取食物，取好后找个位置坐下安静地进餐。

（3）幼儿愉快地进餐。

（4）活动后组织幼儿回班级，并对活动进行小结。

四、活动小结

　　幼儿在本次活动中，能够按要求排队等候取餐，并懂得谦让小班的弟弟妹妹。在清新幽雅的环境中，孩子们个个吃得津津有味，看到他们每个人脸上都洋溢着幸福的笑容，我们感到特别开心，真的感到孩子们很快乐。

小朋友们在用餐

小朋友们在取餐

自由自主的阳光早餐活动

课例二：互帮互助来洗脚

一、活动目标

（1）通过相互洗脚的活动，懂得同伴之间要互相帮助、互相照顾。

（2）体验互相帮助、互相照顾的温馨、温暖和幸福感。

（3）体验帮助、爱护他人带来的快乐。

二、活动准备

两个幼儿一个盆，温水、凳子、毛巾。

三、活动过程

（1）大班老师带领幼儿去接水；中班老师组织幼儿搬椅子；小班老师组织剩下的幼儿坐好。

（2）老师介绍本次活动要求及过程。

（3）幼儿两两结对坐好。

（4）老师介绍洗脚流程及注意事项。

（5）幼儿相互洗脚，体验互帮互助的快乐。

（6）放音乐，幼儿收拾物品到各班老师处集合。

（7）各班老师组织幼儿谈感受，教师小结。

四、活动小结

本次活动气氛非常温馨。大班的哥哥姐姐先给弟弟妹妹洗脚，自己边学习洗脚边教弟弟妹妹洗脚的过程，边按摩边和弟弟妹妹聊天怎样才更舒服一些，孩子们学会了如何洗脚和如何互相帮助来做事情，洗完脚以后孩子们感觉非常舒服，个个都沉浸在快乐和幸福之中。很多幼儿回到家后主动给忙了一天的爸爸妈妈洗脚，学会了关心父母，让爸爸妈妈特别感动。

互助洗脚活动

课例三：大带小玩转幼儿园

一、活动目标

（1）通过这次大带小活动，形成以大班小朋友带小班小朋友一起活动的模式，让幼儿根据自己的兴趣、爱好，自由选择各类活动，体验游戏的快乐。

（2）小班的小朋友愿意和大班的哥哥姐姐一起快乐地游戏。

（3）体验全托生活的丰富多彩，缓解幼儿想家的焦虑情绪。

二、活动地点

幼儿园天井，大一、大二、大三班教室，大操场活动区，音乐厅，电脑室，特色美术室，书屋，医务室。

三、活动形式

本班老师和留园老师组织活动，每个活动的地点、走廊、楼梯处都安排一名老师，孩子自由结伴或自己玩。

四、活动准备

（1）大操场活动区：扭扭车、波波池、篮球、羊角球、小汽车、滑板车。

（2）特色美术室：水彩颜料、剪刀、胶水、彩纸等。

（3）大一班教室：棋类、橡皮泥。

（4）大二班教室：飞行棋、幼儿玩具。

（5）大三班教室：娃娃家。

（6）天井食物：汽水、可乐、糖果、水果。

（7）音乐厅：卡拉OK。

（8）天井：跷跷板、羊角球、皮球等。

（9）快乐书屋。

五、活动过程

（1）教师组织幼儿并交代游戏规则。

（2）小班幼儿准备好，等中大班哥哥姐姐来接。

（3）介绍活动区域，幼儿自由选择。

（4）告知幼儿注意安全，大班幼儿要在活动中照顾小班幼儿。

（5）当结束音乐响起，大班幼儿有序地收拾玩具，带领好小班幼儿并将其送回班级。

（6）活动结束，每班教师小结活动。

六、活动小结

　　整个活动非常热闹，活动内容丰富，让参与其中的幼儿充分感受幼儿园全托生活的丰富多彩和乐趣，从而释放内心紧张和焦虑的情绪。大带小自由组合的方式，让幼儿可以和自己喜欢的哥哥姐姐或是好朋友一起参加各类游戏，他们的心情是放松的。并且，小班幼儿在活动中被哥哥姐姐带动着、照顾着，体验到了被爱护和关心的幸福，身心自由、放松、快乐。小班幼儿想家的情绪得到了很好的缓解和抚慰。

小朋友们在一起唱歌

小朋友们在一起活动

课例四：《爱吃水果的牛》

一、活动背景（教材分析）

小班幼儿普遍存在以自我为中心、对于自己喜欢的物品不愿意分享的问题，同时个别幼儿还存在挑食的现象，针对以上问题，我们挑选了《爱吃水果的牛》这个故事绘本，设计了一节语言活动。在活动中同时渗透情感教育，让幼儿明白别人生病时要给予关心和帮助，并且学会分享，体验分享的快乐。

二、活动目标

（1）初步了解水果有营养，爱吃水果对身体好，能够说出每种水果的特征。

（2）引导幼儿理解故事的大概内容，并提高幼儿在活动中专心聆听、大胆表述的习惯。

（3）在参与过程中萌发关心他人的情感，知道在别人生病的时候要多给予关心和帮助，并且知道有好的东西要分享，分享使我们获得更多快乐。

三、活动准备

PPT，实物（木瓜、杨桃、苹果、香蕉、橘子等水果），奶牛头饰。

四、活动过程

（一）开始部分

导入故事，引起兴趣

师：今天我邀请了一位神秘的小动物来到我们班级做客，你们看看它是谁？对，它是一只可爱的奶牛。那你们知不知道奶牛喜欢吃什么啊？（幼儿自发地回答）可是我今天带来的奶牛跟普通的奶牛不一样，它除了喜欢吃草，它还喜欢吃水果，我们一起看看它都吃了什么水果（点击PPT出示各种水果），哇，原来它是一只爱吃水果的牛。

老师今天带来的故事就叫《爱吃水果的牛》。

（二）基本部分

1. 播放PPT师幼共同阅读，通过提问帮助幼儿理解故事的内容

（1）在一个长满各种果树的森林里，住着一只爱吃水果的牛。它在哪里呢？（请幼儿上来手指）

（2）主人喂了它好多好吃的，都有什么？

有（西瓜）、有（木瓜）、有（杨桃）。

（3）一天晚上，突然刮起了一阵冷风，主人被风吹了以后怎么样了？（主人着凉了）

（4）邻居们也怎么样了？邻居们也都感冒了。

（5）爱吃水果的牛有没有生病呢？（没有）为什么？对，只有爱吃水果的牛没有生病。（它喜欢吃各种水果……）

2. 了解水果的营养，知道水果的特性

师：故事讲完了，你们知道爱吃水果的牛为什么不会生病吗？（因为水果里面有很多营养素，维生素C能预防我们感冒）你们喜欢吃水果吗？那你们能告诉我为什么喜欢吃这个水果吗？（幼儿介绍自己爱吃的水果）真棒，你们喜欢这么多水果呀！那你们的身体一定也会像爱吃水果的牛一样棒棒的！

师：我真是太喜欢这只爱吃水果的牛了，它不仅喜欢吃各种水果，也愿意去照顾它的主人。当它的主人需要它的时候，还挤水果牛奶给他喝。当我们家里人或朋友生病了，我们应该怎么做？

（三）结束部分

牛：哞——哞——

师：咦，你们听谁来了？（奶牛）

牛：听说这里有跟我一样喜欢吃水果的宝宝们，我好想跟你们做朋友啊，咕噜噜，咕噜噜，我的肚子好饿啊。

师：奶牛的肚子饿了，我们问问它想吃什么。

牛：我好想吃水果，我想吃红色的水果（奶牛奶牛请你吃……）、我想吃黄色的水果（奶牛奶牛请你吃……）、我想吃紫色的水果（奶牛奶牛请你吃……）、我想吃绿色的水果（奶牛奶牛请你吃……）……谢谢你们，我也有礼物要送给你们，就是好喝的水果牛奶。（"奶牛"把自己带来的牛奶分享给每位幼儿）

师、生：谢谢爱吃水果的牛。

师：让我们跟爱吃水果的牛一起跳舞吧。（播放音乐）

参考文献

［1］马多秀.积极情感教育研究的回顾与展望［J］.教育研究，2017，38
　　（1）：52-61.

［2］郭慧.苏霍姆林斯基积极情感教育思想及其对我国幼儿教育的启示
　　［D］.南京：南京师范大学，2015.

［3］黄彦华.近代西方情感主义伦理学与道德教育［D］.上海：复旦大
　　学，2014.

［4］赵鑫.国外积极情感教育研究的进展与趋势述评［J］.比较教育研
　　究，2013，35（8）：54-59.

［5］赵冰倩.以情感之眼看教育［D］.上海：上海师范大学，2017.

［6］马多秀.朱小蔓教授积极情感教育思想探析［J］.教育研究，2020，
　　41（8）：150-159.

［7］刘慧，刘次林，王玉娟，等.指向生命完整发展的情感教育研究
　　（笔谈）［J］.教育科学，2020（5）：1-10.

［8］谢新.论马克思的人本主义和唯物史观的关系［D］.长沙：中南大
　　学，2012.

［9］刘建.人本主义教育哲学的反思与回归［J］.教育发展研究，2017，
　　37（6）：57-62.

［10］姜晓娟.谈《指南》背景下的幼儿园活动室环境创设［J］.读与写
　　（教育教学版），2020，17（1）：224，247.

［11］潘祥辉，王炜艺.弗洛姆的"人本主义"传播思想及其启示［J］.
新闻大学，2020（1）：72-85，127-128.

［12］孙利娜.马斯洛人本主义理论及其当代价值［D］.桂林：广西师
范大学，2018.

［13］刘建.人本主义教育哲学的反思与回归［J］.教育发展研究，
2017，37（6）：57-62.

［14］王薇.幼儿园专用活动室环境创设的现状与实施建议［J］.河南教
育（幼教），2018（12）：6-9.

［15］董玉芳.幼儿园活动室环境创设的几个要素［J］.山东教育，2013
（35）：25-26.

［16］管培红.试谈幼儿园活动室的环境创设问题［J］.幼儿教育，2013
（Z6）：29-31，44.

［17］胡艳秋，卢清，唐亚兰，等.建构主义视角下的幼儿园活动室墙面
环境创设［J］.教育与教学研究，2011，25（2）：97-99.

［18］翟贤亮，葛鲁嘉.积极心理学的建设性冲突与视域转换［J］.心理
科学进展，2017，25（2）：290-297.

［19］刘洋，漆昌柱.基于积极心理学视域下的锻炼心理学研究进展
［J］.北京体育大学学报，2016，39（9）：70-75，118.

［20］席居哲，叶杨，左志宏，等.积极心理学在我国学校教育中的实践
［J］.华东师范大学学报（教育科学版），2019，37（6）：149-159.

［21］李璐.家园共育中家长参与幼儿园教育的问题研究［D］.南充：西
华师范大学，2020.

［22］李茹.家庭教育方式、家园合作共育对幼儿自信心、独立性的影响
研究［D］.武汉：华中师范大学，2015.

［23］彭妹.家园共育促进学前儿童社会性发展的研究［D］.长沙：湖南
师范大学，2014.

［24］王秋霞. 家、园、社区协同教育的现状、影响因素与发展路径
　　　［J］. 学前教育研究，2014（5）：64–66.

［25］安桂清，任富恒. 学校与社区"教育一体化"研究——以上海市世
　　　博家园社区"快乐三点半"项目为例［J］. 中国教育学刊，2015
　　　（6）：38–42.

后　记

　　历史的车轮滚滚向前，时代的进步浩浩荡荡，作为深圳幼教的守望者，十幼见证了幼教课改在深圳这片沃土上每一寸沉淀的过往。深圳作为改革开放的领军城市，是对话世界的一扇窗口，它承受着外来文化的不断冲击，繁杂多样的各国课程模式持续引导着中国幼教亦步亦趋。然而，自21世纪起，中国教育开始在"引进来与走出去"中努力进行具有红色血脉的探索和创造，我们透过教育的视角寻找着中国站位、中国立场、中国特色。十幼在这样的时代背景下着手探索建设真正属于自己的幼儿园课程。

　　时间如洪流，转瞬间我们与积极情感教育课程已经相伴十数载，它的成长一路见证着十幼全体教师的厚重与璀璨、磨炼与迸发，我们站在幼儿的视角，真正将积极情感教育的力量覆盖在深圳的每一寸土地上，扎根、生长。在十幼这一隅之地，我们大胆改革创新，勇于探索闯路，注重幼儿素质的全面提升，打破教育的"倒金字塔"，呼吁关注幼儿的情绪情感，培养拥有健康及积极心理的未来幼儿。我们以"营造幼儿和教师和谐乐园"为宗旨，打造具有"和文化，家氛围"特色的园所文化，传承积极情感教育课程，为此，我们从幼儿园环境创设、一日生活的组织与实施、家园共育等模块入手，构建起能够促进幼儿爱与认同、交往与适应、睿智与乐学能力的课程体系……这些都是在本书中呈现出的重要实践内容。

　　在实践过程中，我们也初步取得了一定的成效，推出了一批教科研成果。2011年，积极情感教育课程在"第五届全国幼儿园课程研讨会"中荣获一等奖；2017年获得"首届深圳学前教育优质资源评选优质奖"；2019年在

"广东省幼儿园特色建设方案"交流展示中荣获二等奖；等等。十幼还以前瞻性的视角，以积极情感教育课程为基点，通过国家、省、区、市等课题群布局，促使课程建设与课题研究同步共生，丰富研究内涵，拓展辐射范围。2016年至今，十幼参与广东省新课程项目的研究，独立主持的中国学前教育研究会、深圳市教育科学研究规划课题以及罗湖区小课题等10余个课题陆续结题，其中2个区级课题荣获优秀课题奖，我们借助课题研究的成果不断助推课程的突破与创新，均取得了较好的社会反响，正逐步辐射并引领周边幼儿园积极情感教育课程的开展。与此同时，十幼在课程研究的过程中，逐步促进了幼儿园全体教师的专业成长，使他们提高了职业素养、改进了思维模式、提升了专业能力、树立了课程意识及专业技巧等，不断与课程的发展交相辉映，实现真正意义上的反哺与互助。

著名教育家苏霍姆林斯基认为：善良的情感是在童年时期形成的，如果童年蹉跎，失去的将永远无法弥补。十幼的积极情感教育课程实践将继续以"滋养幼儿生命"为己任，持之以恒地用心构筑、用爱培育、用科学方法护航，为幼儿的情感健康、个性品质以及社会性和谐发展探索出一条有利于幼儿身心发展的新途径。人生百年立于幼学，穿越历史的长河，在深圳这片沃土上，我们终将与时代呼应，站位国家立场、文化立场、儿童立场，始终保持着将幼教的发展与兴盛系于己身的豪情，跟随着深圳幼教的步伐，沉淀自我、磨炼心智，肩负作为深圳幼教人的使命，用实际行动守望幼教的发展。

在本书撰写的过程中，我们坚持贯彻课程梳理的科学性、严谨性、系统性，竭尽努力，希望它能够成为业界同行者可参考的蓝本，如有不足之处，恳请各位读者批评指正。谢谢！